口才与魅力：把话说到点子上

郝大维 著

中国商业出版社

图书在版编目（CIP）数据

口才与魅力：把话说到点子上 / 郝大维著 . -- 北京：中国商业出版社, 2019.11
ISBN 978-7-5208-0961-0

Ⅰ. ①口… Ⅱ. ①郝… Ⅲ. ①口才学—通俗读物 Ⅳ. ① H019-49

中国版本图书馆 CIP 数据核字（2019）第 247881 号

责任编辑：武维胜

中国商业出版社出版发行
010-63180647　　www.c-cbook.com
（100053　北京广安门内报国寺 1 号）
新华书店经销
福建省天一屏山印务有限公司印刷

★

787 毫米 ×1092 毫米　16 开　12.75 印张　180 千字
2019 年 11 月第 1 版　　2019 年 11 月第 1 次
印刷定价：42.00 元

★★★★

（如有印装质量问题可更换）

前 言 preface

青少年朋友，随着一天天长大，你有没有发现？你待在爸爸妈妈、爷爷奶奶身边的时间越来越短，而更多时间你会选择与同伴一起交流、活动，结交兴趣爱好相投的同学为知心朋友。你们无话不谈，形影不离，慢慢地，你开始视友谊为至高无上，甚至愿意为朋友两肋插刀也在所不惜。这些举止往往令家长很难理解，但这恰恰又是我们进入青春期最典型的心理断乳表现。

随着我们认识的人越来越多，我们也就会更多地与身边的人交流，可是，现在有个问题很重要，那就是，你在和不同类型的人交流时，你会说话吗？你会和他们交流吗？或许，你会不屑一顾地说，这样的提问是不是太幼稚了！但实际上，这里所说的"说话"，并不像你想的那样简单。因为这里所指的"说话"，是要把话说得恰到好处，说到别人的心里去，那么，你有这种本事吗？这种本事其实就是"口才"！

一个人，不管生性多么聪颖。接受过多么高深的教育、穿着多么漂亮的衣服、拥有多么雄厚的资产，如果无法流畅、恰当地表达自己的思想，就仍然无法真正实现自己的价值。拥有好口才，就拥有了一种立足社会的能力。在社会的飞速发展下，成才的渠道变得越来越宽。个人综合素质显得尤为重要，而口才，则是个人综合素质的最主要的体现。

著名主持人蔡康永在其著作《蔡康永的说话之道》中认为，"喋喋不休"和"口才好"，完全是两件事。跟一个寡言的人共处一小时，是很沉闷，但跟一个喋喋不休的人共处十分钟，你会更郁闷。说话像机关枪而且很得意的人，也许可以试着改用比较古老的兵器：拉弓——放箭，拉弓——放箭。留一点空当，让听的人消化。只要你的话值得一提，不用担心，对方一样会见识到你的威力的。美国口才教育专家戴尔·卡耐基曾说："一个人的成功，15%取决于知识和技术，85%取决于沟通——发表自己意见的能力和激发他人热忱的能力。"其实谋略与口才相辅相成、互相促成。谋略是因，口才是果。谋略用来策划、找出解决问题的方法，而口才用来实现策划、通过说服人直接解决问题。没有谋略的口才会变成信口乱说，没有雄辩的谋略也会被束之高阁，因得不到实践而成为水中之月。

口头表达的优劣对以后语言的发展，对学生时代的学习以及未来的工作都会产生举足轻重的影响。它为儿童学习社会经验，形成道德品质提供了基础且有利于孩子智力因素和非智力因素的全面提升，让孩子勇于表现自己，培养孩子的领导力，所以，我们应该不失时机地抓紧对青少年口头表达能力的培养与训练。把握孩子的关键期进行教育。

口才并不是一种天赋的才能，它是靠刻苦训练得来的。古今中外历史上一切口若悬河、能言善辩的演讲家、雄辩家。他们无一不是靠刻苦训练而获得成功的。我们透过演讲让孩子建立自信心，增强自我认知。美国教育家、演说家卡耐基的教学理念，经验证明从小加强训练孩子的口才及心理素质，可以增强"自信力""坚持力"，对他们的前途会产生不可磨灭的影响。

通过训练，青少年的口才能力表现在：语言表达能力增强，当众讲话自信、吐字清晰、流利；学习兴趣提升，迅速提高专注力、记忆力、表现力、思维能力，显示出高于同龄少儿的超长特征；写作能力提升，"说"的能力强，写的能力一定比较强；心理素质增强，语言潜能开发的同时激发视觉潜能和听觉潜能；少儿心理素质增强等各个方面，综合能力随之迅速提升！

"一人之辩，重于九鼎之宝；三寸之舌，强于百万之师。"纵观古今中外，社会的文明和进步，人际交往的频繁和扩大，口才艺术实际上已成为一个人成功的重要条件。因此，青少年时期开始的口才培训，是人生起跑线的重要一步。

口才是一个人智慧的反映，是思维的花朵。

然而，口才并不是一种天赋的才能，它是靠刻苦训练得来的。古今中外一切口若悬河、能言善辩的演讲家、雄辩家。他们无一不是靠刻苦训练而获得成功的。美国前总统林肯为了练口才，徒步30英里，到一个法院去听律师们的辩护词，看他们如何论辩，如何做手势，他一边倾听，一边模仿。他曾对着树、树桩、成行的玉米练习口才。日本前首相田中角荣，少年时曾患有口吃病，但他不被困难所吓倒，为了克服口吃，练就口才，他常常朗诵、慢读课文。他曾为了能够准确发音，对着镜子反复检查、纠正发音部位。对待练习口才严肃认真、一丝不苟的态度让他最终取得了良好的成绩。

从许多口才出众的各界精英、领袖能够在较为复杂的情况下敏锐地做出判断并机智地适应情况；能够在适当的时机游刃有余地用精妙的语言准确表达情境；能够根据具体情境做出精练的概括总结；能最大程度地感染听众，使自己的思想和意图得到有效传播……真正的口才应该是清晰明了、言简意赅又不失风趣的；充满智慧又让人乐于聆听的。口才是一种技巧，更是一种实力。有口就有财，会说就会赢。是否能说、会说，影响着一个人人际关系的成败和人脉影响力。

口才并非一个人与生俱来的天赋，而是通过后天的培养和学习逐渐提高的。你大可不必为自己的笨嘴拙舌而自卑，也不要因当众讲话语无伦次、脸红心跳而懊恼，先天不足后天来补，社交口才是练出来的。只要积极地进行口才方面的训练，你也可以练就金口玉言、妙语连珠的真功夫。

口才是一种技能、一种艺术。通过良好的口才这一媒介，一个人可以成为社会交往中的主角，不相识的人可以熟识起来，长期形成的隔阂可以消失，甚至单位之间，社会集团之间，国家之间的矛盾有时也可以通过它得到解决。

然而，在人际交往中并非每个人都深谙此中深义。有的人说话轻车熟路，能闪烁出真知灼见，并由此给人以精明、容智之感；有的人说话要么处于无话可聊、无人可谈的尴尬之境，要么跟老和尚念经似的索然无味、催人入睡；还有的人说话言语运用不当、没完没了，既影响说话效果，又影响自己的社交形象，甚至导致交际失败。

现实生活中，这种人大多还认为自己口才一流。殊不知，言语的金贵之处在精不在多，抓住要表达的东西的精髓，把话说到点子上，把力量用在关键问题上，往往能达到一招制胜的效果。

在很多场合，拥有良好的口才的人总是能赢得他人的好感，获得众多的支持和理解。所以，拥有了良好的口才，我们便有了一笔受益终身的无价之宝。

《口才与魅力：把话说到点子上》以简洁明快的语言，结合大量经典生动的案例，从口才基础、口才心态、口才技巧、点燃梦想等方面，包含交际、生活、职场等人生的各种场合，阐述了演说口才的作用和效力，展示了口才的魅力和艺术，为青少年提供了一条快速提高口才能力的捷径，帮助读者朋友有意识地运用口才游刃于提高学习能力、在社交、事业、生意等场合，改变不利的情境，征服人心，赢得机遇，创造美好的人生。另外，本书从实用的角度出发，用事例说话，融理论指导性与实际可操作性于一体，语言精妙，文字洗练，告诉读者朋友如何通过口才的训练提高表达力、沟通力和社交水平，使自己成为能说会道、最受欢迎的人。

目 录

第一篇 寄语青少年，"言值"很重要

第一章 社交技巧：正确认识和同学的关系 2

第二章 技巧修炼，与童言无"技"说再见 13

第二篇 好口才改变孩子的一生

第一章 社交口才——会说话让孩子左右逢源 32

第二章 摆脱当众讲话的恐惧 43

第三章 把握说话的主动权 53

第四章 真诚是社交的第一扇门 59

第五章 倾听：做一个耐心的听众 63

第三篇 为梦想插上翅膀

第一章 不妨学学"名嘴们" 75

第二章 超级幽默术为生活添色彩 89

第三章 交际技巧：让年轻的心没有阴霾 95

第四篇 领导口才——成为万众瞩目的焦点

第一章 沟通艺术：沟通是领导口才的精髓 103

第二章 激励艺术："高帽子"真的好使 111

第三章　协调艺术：有误解和矛盾就要解决 116

第四章　多建议，多协商 123

第五篇　演讲口才——演讲有气势，交际靠口才

第一章　素质：演讲的无形资本 129

第二章　题目：演讲的内在灵魂 133

第三章　材料：演讲的骨和肉 138

第四章　演讲稿：现场演讲的主要参考 147

第五章　预讲：精心准备是最有用的防弹衣 160

第六章　风格：树立自己的演讲品牌 167

第七章　名人演讲案例 175

第一篇

寄语青少年,"言值"很重要

第一章 社交技巧：正确认识和同学的关系

心灵测试：你懂得怎样和同学相处吗

作为一个青少年，你知道同学之间应该怎样交往吗？你是一个真诚的人或只是一个说好话的人吗？下面的问题供你讨论和思考，拿一张纸，在你认为正确的答案选项旁边画"√"，对照分值表，累计你的总分吧！

（1）你们正在家里玩，你的同学打碎了你妈妈心爱的花瓶。

A．主动告诉妈妈是你打坏的。

B．告诉你的同学，必须赔偿。

C．建议你和同学一起花钱重新更换一个。

（2）你会把同学难堪的事告诉给别人吗？

A．把它告诉所有的人。

B．只让自己知道。

C．只讲这个难堪的事，但不提名字。

（3）你的同学总是借别人的东西，而且不知道归还，当这个同学向你借乒乓球拍的时候，你会借吗？

A．借给他。

B．假装你需要用。

C．不借给他，并且告诉他为什么。

（4）你的同学恶意中伤了你们集体中的成员，你会怎样？

A．告诉你的同学这些言论是恶意的。

B．不闻不问，因为你认为与你无关。

C．和其他人一起去和你的同学交谈。

（5）你曾答应和你的同学一块儿出去，可你突然意识到你将错过一档你非常想看的电视节目。

A．打电话给同学，告诉他你不想出去了，请他原谅。

B．和你同学一块儿出去，因为你承诺过。

C．打电话给你的同学，向他解释你不能践约的原因。

（6）你正和一个同学谈话，一个经常欺侮人的人朝你们走来，他打算恐吓你的同学。

A．保护你的同学，告诉那个人不要恐吓他。

B．去找能震慑欺侮人的人，求得他的帮助。

C．站在那里观看，不参与。

（7）你的一个同学准备加入一个危险团伙，这时你会怎样？

A．与同学断绝关系，因为你不想陷入困境。

B．装出不担心，和平时一样。

C．向你的同学解释担心的原因并劝告他。

（8）你觉得你同学的新发型很难看，你会怎样？

A．装作喜欢。

B．告诉他你认为不好看。

C．什么也不说，当被问起的时候便说"无可奉告"。

（9）同学急需用钱，向你借，如果你有钱，你会怎样？

A．毫不犹豫地借钱给他。

B．在借给他之前，问他干什么用。

C．告诉他：对不起，我不借给你。

（10）因为你的数学好，而你的同学数学不好，他总是请你代他做数学家庭作业，你会怎样？

A．对他说不，因为你不准备给自己带来麻烦。

B．总是帮他做。

C．告诉他，你将提示他怎样做，但不帮他做。

（11）同学被选中替代你，做你十分想做的事情，你会怎样？

A．确信你同学看到你是多么抱歉。

B．告诉你的同学，他们没选中自己是多么愉快。

C．在公共场合表现正常，私下流露你的不快情感。

（12）同学不想去参加节目彩排，你会帮他请假吗？

A．你会努力说服他不去彩排不好。

B．告诉导演，说他病了。

C．拒绝帮忙。

（13）你认为真正的朋友应该是怎样的？

A．总是彼此开诚布公。

B．只谈一些你们想谈的事。

C．总是保留自己的想法。

（14）总的来说，你认为你的同学怎样？

A．比你聪明能干。

B．没有你聪明能干。

C．和你一样聪明能干。

评分标准：

以上各题中选 A 为 1 分，选 B 为 2 分，选 C 为 3

答案选项及得分表如下：

30～42分：你是一个能够和同学很好相处的人。你也许看上去并没有那么多的好朋友，但你的朋友信任你，他们想着你，当你需要他们的时候，你可以依靠他们。

22～29分：你关心你的同学，当然，有些时候你不理解他们，当你不能确定做什么和怎么做的时候，试着把自己放在同学的位置，采用你希望他们对待自己的方式对待他们。

14～21分：你看待事情更多的是从自己的观点出发，如果你想得到彼此的信任和尊重，你需要更多地为他人着想。

那么，作为刚刚进入青春期的我们，该如何在青少年时代处理好同学之间的关系，为自己日后的人生酿造一杯回味无穷的甘醇美酒，同时也为自己将来步入社会做一个充分的人际关系方面的准备呢？我们不妨从以下几个方面做起。

1. 处理好人际关系

从我们成为青少年的那一天起，我们与人相处的对象和特点就发生了根本的变化。在小学时，我们与同学之间的关系只是友谊或亲密关系的一种拓展，那时的人际关系也比较简单。例如，我们可以只跟自己喜欢的同学交往，自己不喜欢或者不想交往的同学就可以不去理他。

然而，一旦成了中学生，住到校园的集体宿舍里，我们就不能再仅凭个人好恶与同学们交往了。对于集体中的每一员，无论喜欢与否，我们都要每天面对，都要与其相处。所以这时，我们不仅要与自己喜欢的同学交往，还要与自己不喜欢的同学保持友好的关系。这是中学校园人际关系的一个突出的特点。

另外，在青少年时期，人际关系的新特点还表现在不能仅以自己的标准要求别人，还应认识到自己的行为和生活方式也可能是别人所不能接受和不喜欢的。因而，在彼此之间发生冲突或不协调时，就不能仅仅指责和埋怨对方，而要做到互相的谅解和彼此的适应。这就是说，我们必须要逐渐摆脱以自我为中心的思维方式，逐渐学会设身处地地为他人着想，并在此基础上建立起独立、协调的新的人际关系。

2. 提高自身的素质

在我们身边，常常会听到有同学讲："××同学性格好，懂得多，所以喜欢同他交流。"的确，一个品质好、能力强的人或具有某些特长的人更容易受到人们的喜爱。人们欣赏他的品格、才能，因而愿意与之接近，成为朋友。

所以，在校园生活中，我们若想要增强自己对别人的吸引力，更友好、更融洽地与同学相处，就应充分显示自己良好的品格，施展自己的才华，发挥自己的特长，使自己的品格、能力、才华不断提高。

人们喜欢真诚、热情、友好的人，讨厌虚伪、自私、冷酷的人。对个性品质一般评价最高的是真诚，评价最低的是虚伪。进入中学阶段的我们在选择朋友时，首先考虑的是个性品质，都愿与成熟、热情、坦率、思想活跃、有责任感的人交往。

3. 胸怀决定成就

我们的社会是一个多元化的社会，人们相互之间的关系越来越复杂。社会的复杂性导致个性的丰富性，这必然引起个体之间冲突的加剧，青少年朋友，我们要与周围的人保持良好的人际关系，就必须学会求同存异，具备宽宏豁达的心理品质；就必须多为别人着想，做到以诚相待。

在生活中，我们与朝夕相处的同学有了误会，受到他人不公正的对待、不为人接纳时，一定会为之焦虑和烦恼，也一定会影响自己的学习、生活及同学间的关系。那么，这时候我们该怎么办呢？是大吵大闹，还是干脆与之绝交呢？

其实，这些都不是最好的办法，这样只能使自己在交往中处于不利地位且影响以后的交往。相反，如果我们做到宽宏豁达，心平气和地站在对方的立场考虑问题，体会他人的心情和感受，误会、委屈就常常会烟消云散，他人也将欣然接受我们。常言道："大度集群。"

当然，做一个宽宏豁达的人是有一定难度的，但我们中学生在日常的生活、交往中一定要注重这种品质的培养，以求更好地适应生活、适应社会。

4. 有一定社交技巧

青少年朋友，交往中的技巧犹如人际关系的润滑剂，它可以帮助我们在交往活动中增进彼此的沟通和了解，缩短心理距离，建立良好的关系。

很多同学存在人际关系的障碍，都是由于沟通技巧的缺乏所造成的。很多同学都说，他们在与自己比较熟悉的人交往时能表现得很自如，但与不太熟悉的人交往时往往很被动、拘谨、畏缩，不知该如何与他们相处。

很多同学由于缺乏交流和人际交往的技巧，往往容易对人际交往失去兴趣，并造成在人际交往的场合被动、孤立的境地，而且容易因不能恰当表达自己的想法而限制了自己的发展。

其实，对许多中学生来说，如果意识到自己在社交和人际交往方面缺乏必要的技巧，应采取主动的、积极的方式，逐步改善自己的人际交往问题，而不应一味地回避。

事实上，社交技巧是多种多样的，比如，增强人际吸引力、幽默、巧妙批评、语言艺术等。对我们中学生来说，成功交往的心理品质包括诚实守信、谦虚、谨慎、热情助人、尊重理解、宽宏豁达等。语言艺术的运用包括准确表达、有效倾听、用语文明礼貌等。这些都有助于提高我们的交往艺术，取得较好的交往效果。

此外，在正式交际场合，我们还要注意服饰整洁，举止文明得体，坐、立、行姿势雅观，不要不分对象乱开玩笑，避免拍肩拉手等动作。当然，也不能在人前畏畏缩缩，谨小慎微。应既信心十足、精神抖擞，又落落大方、不卑不亢。

总之，进入青春期间的青少年，只有在人际交往中树立自信，提高自己各方面的素质，勇于实践，善于总结，在学习中实践，在实践中学习，才能不断完善自己，丰富自己，逐渐走向交往成功，走向人生成功，最后成为一个快乐、阳光的青少年。

5. 交往之道：要友善地和同学相处

青少年朋友，在我们的校园生活中，有的同学不能与同学友好相处，甚至一见到对方就生气。这是什么原因呢？这其实是一种无法合群的心理。

对这些不能合群的同学来讲，他们在学校中出现的交际障碍，将直接影响到自己的上学热情，会使他们对上学产生一种恐惧与厌恶的心理。

同时，如果我们班上有那么几个不合群的同学，对我们整个班集体而言也会产生消极影响，至少影响到我们班集体的凝聚力。那么要怎样才能尽量地使所有同学和睦相处呢？这就要求我们，在保证自己有一个良好的交际心态以外，还要经常去帮助那些不爱合群的同学，才能把自己的班集体搞得更好！

6. 多热心帮助同学

俗话说："赠人玫瑰，手有余香。"作为青少年，在校园生活中，我们应该热心帮助自己的同学。比如说，在他有的题不明白的时候，我们可以给他讲解；在他铅笔粗的时候，我们可以借他一支笔用；在他遇到其他困难的时候，我们能够伸出无私的援手……

这样，我们不仅帮助了他人，同时自己也得到快乐，而且也让他觉得自己很热心善良，彼此感受到"爱是相互给予的"。以后，当我们有困难的时候，他也会反过来帮助你。这样我们和同学之间就能在互相的帮助中建立起深厚的友谊。

一、高情商说话之道：情商高的人说话让人舒服

一个看脸的世界，谁都想提高自己的颜值。但是，如果一个人颜值很高，但他言而无信、花言巧语，你会喜欢他吗？有一个人颜值不高甚至有点低，他会仗义执言、满口的金玉良言，你会喜欢他吗？会！这就说明外貌的"颜值"远远比不上语言的"言值"重要。

黄渤长得不帅，但他努力演到了金马影帝。有一个很帅的主持人采访他："马云说男人的相貌跟他的才华成反比，你怎么看？"帅哥主持人就是想让黄渤当众出个丑，但是黄渤反问道："我相信这句话也一直激励着你吧？"让这个只有颜值没有言值的主持人哑口无言。

仅仅靠颜值并不能成为一个真正有魅力的人，而言值却能够凸显一个人的智慧和气质。愿我们都能成为这个时代的言值担当！

北大才女王帆在《我是演说家》中的这段演讲充分表达了在新时代应该大力倡导并颂扬"言值"，号召人们要有言值担当的智慧和远见，令人醍醐灌顶。

你身边是不是也有这样的事，某某女生不是很漂亮，但是有很多优秀的男生都喜欢她，

朋友同事也特别爱和她在一起，觉得跟她相处很舒服、很自在、很愉悦。正如著名主持人蔡康永先生所说："外表好不好看，绝对不是人生的决胜点。讨不讨人喜欢，才比较更重要一点。"为了增强说服力，蔡康永先生还给出了这一结论的论据：和你住同一间房子的室友，或者坐你隔壁办公桌的同事，就算长得很美，也不见得让你心情会很好，但要是她很讨人厌，你却一定心情坏透了。如果你的室友或同事长得不美，但很好相处，很讨人喜欢，那你的心情就会很好。

在拼颜值的演艺圈，胖胖的贾玲绝对是一个神奇的存在。"国民老公"宋仲基说喜欢贾玲的酒窝。的确，酒窝是女神与男神的杀手锏，许晴的酒窝里就有蜜，但酒窝在贾玲的脸上，不是蜜，而是笑。

贾玲，一个集高情商与"小心机"于一身的真实的女汉子，没有花容月貌，没有矫揉造作，但她太会说话了，让人根本讨厌不起来，何况没人会讨厌一个看着就想笑的人。不管是参加综艺节目，还是接受采访，抑或是出席朋友的婚礼，她总会用自己那套特别的高情商说话方式吸粉无数。

最近大家都在说，"友谊的小船说翻就翻"，到底是什么意思？友谊是一种很玄很玄的东西，它可以经受诱惑也坚韧不破，但也可以因为鸡毛蒜皮说断就断。高情商的人最懂怎么维持友谊，他们心里装着别人，在任何时候都能照顾到周围的每一个人，让大家都舒服。但要强调一点，高情商绝不是时刻取悦别人，而是不随便伤害别人，也不让别人伤害自己。

二、拒绝的艺术：不会拒绝，你就输定了

郭冬临在1995年的春晚上出演了一部小品《有事您说话》。小品中的小郭是厂里的一名普通职工，他乐于助人，有求必应，所以周围的人一有什么事都来找他帮忙。经常有些事情他也办不了，可是碍于面子和情分，他总是不好意思拒绝，最后勉为其难答应下来。有一次，为了给科长留下一个好印象，他对其谎称自己认识铁路上的人，之后又连夜顶着寒风去火车站排队，排到最后竟然没票了，不得已又花高价买了黄牛票。拿到票的科长喜笑颜开，连夸小郭有本事。后来大家纷纷来求他帮买车票，他不得已又继续"打肿脸充胖子"的艰苦历程。这背后的辛酸可想而知。

小郭这样做无非是因为不好意思拒绝别人，害怕伤害同事的感情或者是得罪顶头上司，但最后却赔上了自己的休息时间，还让家人心疼。虽然他只是剧情中的虚构人物，但其生活原型却遍及天涯海角。这个小品之所以在当年红遍大江南北，就是因为在人群中能得到普遍的共鸣。

从懂事起，父母、老师就教导我们要忍让，要遇事不争。于是，这个社会上，越来越多的人开始逆来顺受，委曲求全。就像现在的你，面对亲人、朋友、同学提出的一些要求，虽然从心底不愿去做，但又碍于面子问题不好意思拒绝，只好委屈自己应承下来。你常常用来安慰自己的理由是:"我就算拒绝,也说不过他们,注定会失败的。""如果我不答应他们,他们会讨厌我的。""如果我想说什么就说什么,他们肯定会暴跳如雷的。"可是,你知道吗?在现在这个遵循适者生存丛林法则的社会背景下,"不好意思"已经是懦弱、无能、自卑的代名词。你总是一不小心就受到"不好意思"的伤害,不好意思拒绝,结果是不断给自己制造烦恼;不好意思表现自我,从而失去在公司的晋升机会;不好意思向心仪的异性表白,导致美好爱情与你擦肩而过。在现实生活中,你总是因为"不好意思"这个"不好意思"那个,而浪费很多时间和精力,也影响了自己的工作和生活,甚至因此毁掉了美好前程。

其实,你输的不是个人的能力,也不是条件不过关,而是这个半毛钱不值的四个字:"不好意思"。长此以往,维持这样的想法和状态导致的结果是:你过着一种自己并不满意的生活,你在这样的环境中慢慢变得不愉快、受约束,害怕与人亲近,也难以应对别人的拒绝,自己的心理承受能力变得越来越差,最终将会一事无成。

你要明白这一点:拒绝,不代表弱势,也不代表逃避、怯懦或者是偷懒。相反,这是对自己负责,也对他人负责。你不是超人,不可能让每个人都满意,不可能做到每个人都喜欢,所以你千万别再逞能了,别再不好意思了!以后,当你再被人有所托时,一定先看看自己的能力,有没有这个金刚钻,看能不能揽得了这瓷器活。因为只有你最了解自己,所以适不适合这个任务,只有你最清楚。若仅仅是因为不好意思,而不愿拒绝,当"不"字将要脱口而出,而你却因为不好意思把它憋回去时,你自然而然也就丧失了对自己生活的掌控权,不愉快将会一直跟随着你。反过来,有时候适当的拒绝不仅能起到正面的作用,而且也能帮助你把痛苦和苦恼及早扼杀在摇篮里。

可是拒绝了"不好意思",怎么才能恰当地做到"好意思"呢?

你首先要做的,就是调整自己的心态。中华民族是推崇中庸之道的,人们在拒绝其他人时十分容易出现一些心理障碍,这些都是传统观念的作用,同时,也与当今社会某些从众心理有关。心理学家经过研究发现,不会说"不"的人在人际交往中心理也会十分脆弱,容易遭受他人的伤害。这些人在对别人说"不"时存在心理障碍,他们害怕这样做会伤害对方,失去友谊。所以,他们总是让自己受委屈,尽力成全别人。这往往给他们的心理增加了很多额外的压力,严重者还有可能演变成精神问题。很多人拒绝别人时不好意思的表现,也与自己的个性和心态有关系,他们觉得这次没有帮朋友办事,下次自己如果有事的话就不好意思向朋友开口了。同时,他们过分在意别人对自己的评价,总想给朋友留下好的印象。实际上,真正的友谊不会仅仅因为你的合理拒绝就受伤。要知道,真心朋友是坦诚的,绝对不会勉强彼此,所以,类似这样的担心和忧虑是多余的。

其次,你一定要学会说"不"。来自哈佛大学的积极心理学专家泰勒·本·沙哈尔指出:"人们总是太忙碌,总是想着提高效率,分秒必争,从而忽视了留一点体验快乐的时间。"他给了人们一个建议，希望人们可以简化生活、学会适当的拒绝。工作中，对自己的事和不该做的事要分清楚，对不属于自己的额外任务要勇于拒绝。

"不"这个字很简单，但如何恰当地说出来，却是一门艺术。

美国一位出版家在旧金山创办他的第一张报纸的时候，他的一位朋友——非常有名的漫画大师纳斯特为这份报纸画了一幅漫画，目的是唤醒公众意识，呼吁电车公司在每一辆电车前面安装上保险栏杆，以防其意外伤人。但是，可以说，纳斯特的这幅漫画十分糟糕。如果发表这一幅漫画，报纸质量得不到保证；如果不刊登呢，该怎样向纳斯特交代？这天晚上，出版商邀请纳斯特吃晚饭，开始对这幅漫画大加称赞，随后一边喝着酒，一边不停地自顾自说道："唉，城市里的电车已经使好多孩子受伤了，这些孩子多可怜啊！看那些电车司机就像魔鬼，瞪大了圆圆的眼睛，专门寻找着流连在街上玩闹的孩子，看到孩子们就疯子一般地冲上去……"当出版商说到这里的时候，纳斯特立马从座椅上跳了起来，大声嚷道："天啊，你是怎么想出来的，这才是一个出色的创意！我以前寄给你的作品，请你直接把它扔到垃圾桶里吧！"

假如因为朋友的面子问题，拒绝的话不能正面说出口，假装自言自语也不失为一种好办法，不仅能说出心中真实的想法，还不会让对方感觉尴尬。

我们看到，出版商假装自言自语说出心中所思所想，让纳斯特在不误解意思的情况下意识到自己的拒绝，与此同时也给了对方台阶儿下，没有伤害他的面子，也不至于让其内心无法接受，从而赢得朋友的理解和体谅。那么，我们应当如何把这个"不"运用好呢？应当注意下面几点：

（1）不要立即说"不"。立即拒绝别人，会让他人感觉你是自私冷漠的人，或觉得你在心里对他存有成见。

（2）不要轻易说"不"。在自己的能力范围内，在不损害自己利益的前提下，力所能及地帮助别人。帮助别人也是帮助自己，随随便便地拒绝别人，会失去很多赢得友谊和获得他人帮助的机会。

（3）不要在暴怒之下说"不"。暴怒之下，人丧失了冷静思考的能力，如果在这个时候拒绝别人，很容易话不投机，出口伤人，让人觉得你没有同情心。

（4）不要傲慢地说"不"。如果自己对此事也力不能及，一定要诚恳地向他人说明情况。以居高临下、傲慢不逊的态度拒绝他人，很容易在说"不"的时候，伤害那些有求于自己的人的自尊心，甚至为自己树敌。

（5）不要无情地说"不"。拒绝他人，要尽量友善和气，如果语气淡漠、表情冷峻、话语间毫无转圜的余地，会让人十分尴尬，甚至反目成仇。

（6）要婉转地说"不"。当自己有说不出的原因不能对他人做出承诺的时候，如能温和地说明，以婉转的借口回绝，虽然没有达到目的，但是别人还是会感动于你的善解人意。

（7）要微笑着说"不"。拒绝的时候，如果能带着亲切和充满诚意的笑容，让别人感受到你对他的尊重和歉意，即使被拒绝了也会心怀感激。

（8）要有帮助地拒绝。你对他人所求之事无能为力，但可以在其他方面给予一些帮助，或者积极地为他出谋划策，另寻出路，这是一种慈悲而智慧的拒绝。

艺术性地拒绝别人，是获得好人缘的高级方法，每天被不好意思伤害一点，一年积累下来就是大伤害，一辈子累积下来就是完全让你失败！可千万别让"不好意思"这四个字毁了你！

三、魔鬼说服力：在任何场合说服任何人

为什么有些师长的教诲，会改变我们的一生，而爸妈无论说得有多好，却总是让我们不想听呢？为什么有些人的意见，常常会得到同事们的支持，而有些人的意见却不受重视呢？

到底是什么原因让我们变得固执，而不愿意接受别人的说教？而又是什么原因触动了我们的心灵，让我们不再执拗，而接受他人的意见呢？

答案很简单，都是因为说服力！说服力的强弱，直接导致同样的事情出现迥然不同的结果。有说服力的人，获得他人的认同，造就非凡的功业。

那么，说服力是天生的吗？不，思考和学习才是说服力的源头。一个人愿意去学习，知道支配人行动的原理，同时会动脑筋去揣摩，那么用不了多久，就会变得很有说服力。要是这个人放弃思考，放弃学习，那么说服力必将离他而去——他的思维将变得僵化，他的话语将变得无味，如此，又怎么会有说服力呢？

不要忽略说服力的修炼，说服遍布生活的每个角落。看看我们的生活，你就会发现，很多时候，我们做事是因为有人劝说我们去那样做，你以为自己是主动、自发的，其实不是，你只是被人说服了而去做某事而已。

早晨起床是因为从小父母就劝说我们要如此去做；我们住在现在的居所，是因为某人说服了我们在那儿购买或租用了那所房子；我们现在日常过日子要遵守国家法律，那是因为以前有人劝说过我们去这样做；我们不说谎、不欺骗别人、不盗窃，是因为有人劝说过我们而采纳了一套道德和伦理标准。

事实就是这样，每天醒来，我们都会发现自己被说服所包围。在被他人说服的同时，我们也在努力试图去说服他人：你想在早晨睡懒觉，除非你有好理由说服父母，否则，他们肯定会不断地打扰你的美梦；你想要买到便宜的房子、车子，那么你就要说服对方降价；你不想做家务，就要给老婆一个偷懒的理由——也许每天抱一抱她，亲一亲她，然后鼓励一下她，她就会很开心地主动承担家务劳动，而不再追究你的懒惰了……

说了这么多，其实就是想要告诉你：要么被人说服，要么说服别人，你没有第二条路可走。

这听起来似乎挺无奈，其实不然，只要你具有超强的说服力，那么突破"重围"，杀出一条"血路"是可能的，只要你愿意按照本书所说的去做，至少你能省事不少，毕竟用几句话便把事情解决，远比动手做事要轻松得多。

当你说服别人的时候，要准备就是确认自己的说服底气：想要说服别人，缺乏说服的底气是不行的。如果你的底气不够，就很难说服别人。因此在说服开始前，你一定要拿出自己的底气来。然而令人遗憾的是，现实生活中有底气的人实在不太多。

有位演讲家对台下的观众说："各位，我想知道大家对于自己的看法，认为自己很有魅力的，请举手？"结果发现，举手的人没有几位。即便是那些举手的人，往往也会被其他的人议论和指点："哎呀，瞧瞧，这些都是什么人啊，还自觉很有魅力，臭美吧，太不谦虚了！"

许多人都处于这样的"自谦"的状态，不敢肯定自己，并对那些能够自我肯定的人报以鄙夷的态度。但是，需要在此提醒大家的是，长期处于"自谦"中，会降低个人的心理预期，不利于自信心的建立，因而会让你变得没有底气，最终影响你的说服力。

一个人的底气来自哪里呢？其实答案很简单，你的底气要来自你对自我的肯定，更来自表现自我肯定的能力。简单地说，就是敢于承认自己，敢于表现自己，这就是底气，从本质上说，就是强大的自信心。

当一个人拥有了强大的自信心，说服力才会有根基。我们不难发现那些卓越人物有一个共同的特点：他们在开始做事前，总是充分相信自己的能力，排除一切艰难险阻，直到胜利。

相反，那些没有自信的人，往往缺乏说服力。他们所说的话，通常会被人忽略。因为缺乏自信心的支持，听起来就像是谎言。

为什么会这样？很明显，一个人对自己有信心，就能够带给别人信心；如果连自己都不相信，又如何说服别人相信他呢？

你可以想象一下，当一个人瑟缩地告诉你一件事的时候，你的脑子里面肯定会闪过一丝怀疑。相反，这个人用很确定的语气跟你说话，你会更加愿意去相信他。

购买水果的时候，客人有时候问你："这个西瓜甜不甜？"或者"这个橘子会不会酸呢？"这时假如你回答"也许甜吧！"或者"应该不会酸吧！"这种不确定的话，那么，10个客人中有9个不会购买。

但如果是同样的水果，而你回答："如果这个不甜，哪里还有甜的西瓜呢！"或是"我绝不卖酸的橘子。"用此种果断的语气，通常都能把东西卖出去，这就是买卖上的技巧。

第二章 技巧修炼，与童言无"技"说再见

一、好口才是知识积累的成果

知识就是力量。要有丰富的学识、阅历，对表述材料要充分熟知，"问渠哪得清如许，为有源头活水来"。而许多伟人和名人的谈吐睿智、幽默，都是以学识渊博和阅历丰富为基础的。

推本溯源，一个口才好的人，必须经常在知识积累上下功夫。他们不断地扩充自己的兴趣，积累自己的知识，培养自己的同情心和责任心。他们谈话的题材源泉是非常充实的，而那些认为自己口才不好的人呢？是不是每天看报纸？看报纸的时候，是不是只看看副刊上的小说消遣而已？是不是同时也很注意重要的国际及本地的新闻呢？是不是很留心地去选择节目？是不是随便听听就算了呢？是不是选择有意义的、精彩的电影和戏剧？是不是看戏时集中精神地去欣赏它们，而不是坐在戏院里打嗑睡？

著名剧作家曹禺曾说过，哪一天我们对语言着了魔，那才算是进了大门，以后才有可能登堂入室，成为语言方面的富翁。那么，我们应该怎样来具体学习、锤炼语言呢？下面介绍几种可行、有效的方法。

1. 多读书，多看报

日常生活中，我们每天都离不开报纸、杂志和书籍。在读书看报时，备一支笔、一些卡片纸和一把剪刀，把所见到的好文章或让自己心动的话语画出来，或者剪下来，或摘抄在卡片纸上。每天坚持做，哪怕一天只记一两句，也是很有意义的。日积月累，在谈话的时候，你也许就会不经意地用上它们，从而使自己讲话的内容丰富起来。

2. 善于学习

对于谈话的题材和资料，一方面要认真地去吸收，另一方面要好好地去运用。懂得如何运用，可以使一句普通的话语发挥出惊人的效果。学习吸收的目的是很好地应用，不能应用的吸收毫无意义。

俗话说："熟读唐诗三百首，不会吟诗也会吟。""穷书万卷常暗诵"，吟咏其中，则可心领神会，产生强烈的兴味。摸熟语言的精微之处，则会唤起灵敏的感觉；熟悉名篇佳作的精彩妙笔，则会获得丰富的词汇，自己演说和讲话时，优美的语言亦会不召自来，这并非天方夜谭。只要我们潜心苦读，勤记善想，揣摩寻味，持之以恒，就能尝到醇香厚味，如果反复地用，不断地学，久而久之就可以像郭沫若所说的那样"于无法之中求得法，有法之后求其他"了。

3. 注意搜集并积累警句、谚语

在听别人的演讲或别人的谈话时，随时都可以听到表现人类智慧的警句、谚语。把这些话在心中重复一遍，记在本子上，久而久之，你谈话的题材、资料就越来越多，说起话来也就越来越条理清楚，出口成章。

4. 提高观察问题、思考问题的能力

要提高自己的表达能力，就要不断提高自己观察问题、思考问题时的敏锐性，丰富自己的学识与经验，并增强自己的想象力与敏感性。随着表达能力的提高，你的生活也将丰富多彩，整个人的个性素质和各方面的能力都会提高，从而成为一个演讲高手。

总之，广博的知识、丰富的阅历可使人在掌握大量材料的基础上就能在广众大厅上妙语连珠，出口成章，听众能从中获取有益的信息，表述者也可从容不迫，挥洒自如。充分占有材料、熟知材料是培养自信的基础条件，正所谓"充实，是自信的前提"，而"自信，就是力量的源泉"。

二、怎样选择话题

一般情况下，谈话要选择一些容易引起对方兴趣的话题，只有这样才有利于创造一个轻松活跃的谈话氛围，使交谈得以深入，友谊得以发展。

一般而言，以下几种话题，容易引起大家的谈话兴趣。

（1）与谈话者自身利益密切相关的话题。

（2）与谈话者兴趣、角色相关的话题；具有权威性的话题。

（3）新奇的话题。

（4）某些特殊的话题。

但在具体选择这些话题时，要考虑谈话对象。一个话题，只有让对方感兴趣，谈话才有维持和继续的可能。比如，自己是球迷，就切莫以为别人都是球迷。逢人就谈球赛，遇到对球不感兴趣的人也大谈特谈，会让对方感到索然无味。

关怀和帮助是人人都需要的，因此关心对方也是个永远受欢迎的话题。有一位女记者，在鸡尾酒会上与伊丽莎白女王进行了简短的交谈。记者问女王昨天是不是在风雨中视察过铁矿。女王听后非常吃惊。原来女王的外衣被什么东西染上了红褐色，经女记者的提醒，女王才发现。女记者从关心女王的外衣开始，自然就引起了女王的好感，使这次交谈获得了空前成功。

美国女记者芭芭拉·华特初遇美国航空业界巨头亚里士多德·欧纳西斯时，见他正与同行们热烈讨论着货运价格、航线、新的空运构想等问题，芭芭拉没法插上一句话。在共进午餐时，芭芭拉灵机一动，趁大家谈论业务中的短暂间隙，赶紧提问："欧纳西斯先生，您在海运和空运方面都取得了伟大的成就，这是令人震惊的。您是怎样开始的？当初您的职业是什么？"这个话题一下拨动了欧纳西斯的心弦，他立即同芭芭拉侃侃而谈起来，动情地回顾了自己的奋斗史。

日常生活中，同病人谈治病强身的事情，同家长谈培养子女的方法，同青年人谈今后的发展目标，同家庭主妇谈安排生活的诀窍，同学生谈提高学习效率的经验……这些话题

无一例外都是对方乐于接受的。

选择话题，除了注意对方的需求外，还要小心避开"雷区"，尽量选择"安全系数大"的话题。

首先，不要不识深浅，误入禁区。每个人都有自己的禁区，譬如，个人隐私、怪癖、生理缺陷等。这一类内容应当有意避开，不要去谈论。不然的话，轻则破坏谈话气氛，重则伤感情，甚至会导致争吵或关系破裂。

其次，避开可能引起对方伤感或误解的敏感话题。每个人除了有若干"禁区"外，还存在"敏感话题"，谈话中都应当小心避开。譬如，不幸者忌谈他遭受不幸的往事，失恋者忌谈爱情与婚姻问题，残疾人的家庭忌谈家中的残疾者，等等。有时，与医生、律师等专业人士交谈，在他们工作以外的时间里，不宜谈过分具体的专业话题，如什么病该怎么医治，什么纠纷该怎么处理等。"敏感话题"很难处理，一般要尽量避而不谈。

选择话题除了看人之外，还要看场合。会话是在一定场合、情境之中进行的，话题应当同场合、情境协调，不协调的话题不但大煞风景，而且还有可能损害人际关系。喜庆的场合，不能谈令人伤感或通常认为不吉利的话题。悲哀的场合，不能谈令人捧腹大笑的话题，也不宜谈婚恋喜庆等话题。

三、掌握说话的节奏

20世纪的口才大师、英国前首相丘吉尔在自己的第一篇口才学论文中曾认真地分析和论证了口才的语言技能问题。他得出结论：口头表达艺术主要有四大要素，而其中占第一位的就是口语的节奏。丘吉尔是深谙口才之道的，他将"节奏"列在四大要素之首，就是因为他切实体会到和懂得口语节奏具有十分强烈、深刻和丰富的表现力。

节奏，是大自然和人类社会运动形式的一种表现。日出日落，潮涨潮消，花开花谢，冬去春来；人的起居作息，社会的兴衰更替，无不体现出事物运动形式的变化，一种有规律、有秩序的变更。事物运动过程中所呈现的有规律、有秩序的变化，就是节奏。

我国的古代典籍《礼记》中说："节奏，谓或作或止。作则奏之，止则节之。"还说："言语之美，穆穆皇皇。穆穆者，敬以和；皇皇者，正而美。"

唐代大诗人白居易的名篇《琵琶行》就对琵琶音乐节奏有过绝妙的写照："大弦嘈嘈如急雨，小弦切切如私语。嘈嘈切切错杂弹，大珠小珠落玉盘。间关莺语花底滑，幽咽泉流冰下难。冰泉冷涩弦凝绝，凝绝不通声暂歇。别有幽愁暗恨生，此时无声胜有声。银瓶乍破水浆迸，铁骑突出刀枪鸣。曲终收拨当心画，四弦一声如裂帛……"

这里的"急雨""私语""莺语"和"大珠小珠"等就生动地展现了琵琶乐音的轻重快慢及起伏停顿的节奏。

古人早就认识到了节奏的性质和口语节奏的表现力。现代人也常说，"急人快语""疾言厉色""语重心长""听话听声,锣鼓听音"等。这些,也都从不同角度说明了口语节奏所具有的感情色彩、形象内涵和动人力量。

一次谈话、一回座谈、一场论辩、一台演讲、一堂教学从头到尾声调高亢不行,从头到尾轻声细语也不好;从头到尾平铺直叙、平淡无奇不妥,从头到尾光怪陆离、危言耸听也不佳。要使听众自始至终都能精神饱满和有效地接受信息,使讲话、座谈、教学和演说获得理想的效果,就必须做到以下两点。

(1)在声音形式上,语音应有高有低,语调应有抑有扬,语速应有快有慢,吐字停顿应有长有短。

(2)在内容、风格和表达手法方面,信息应有强有弱,主旨应有贴有离,文采应有浓有淡,风貌应有俗有雅,情与理应有穿插交错,论述与例证应有多种多样的逻辑格式展开。

口语节奏有如下语言效果。

一种效果是,高亢的语调催人奋发,快急的语速使人激动、紧张,低沉的语音叫人深思和黯然神伤。或者进一步说,快的语速,重的语音,扬的语调,短的句式,小的停顿,凝练的信息内容、刚健的词语风格都会表现出兴奋、爽快、高昂、激动和急切的感情色彩,从而使听众不自觉地受到相应的感情冲击和影响,并产生相应的亢奋、紧张或紧迫等心理。

另一种效果是,慢的语速,轻的语音,抑的语调,长的句式,大的停顿,松散的信息内容,柔和的语词风格又可显示出安然、从容、平静、淡雅和严肃、沉重的感情色彩,从而又会使对象不由自主地受到相应的情绪感染和影响,并产生相应的闲散、悠缓、恬适、庄重的情感色彩。

四、掌握交谈中的细节

细节决定一切,谈话也是如此。重视每次谈话细节的人,往往是那些被称为说话高手的人,他们之所以成为口才高手,是因为他们不轻易放过任何一次交谈的机会,把说话的有利战果尽收囊中。

在我们的日常交际中,除了一些业务性质的交谈,一开始就要进入正题之外,一般社交性质的谈话,多半是从"闲谈"开始的。有些人就是不喜欢"闲谈",他们觉得"今天天气怎样"和"吃过早饭了吗"这一类的话,都是无聊的废话,他们不喜欢谈,也不屑于谈,他们不知道像这一类看来好像没有意义的话,却对接下来的正式交谈起着至关重要的作用。是什么作用呢?就是交谈的准备作用,好比在踢足球之前,蹦蹦跳跳、伸手伸脚的热身运动。

一般的交谈总是由"闲谈"开始的,说些看来好像没有什么意义的话,其实就是先使大家轻松一点,熟悉一点,造成一种有利交谈的气氛。

当交谈开始的时候,我们不妨谈谈天气,而天气几乎是中外人士最常用的普遍的话题。天气对人生活的影响太密切了,天气很好,不妨同声赞美;天气太热,也不妨交换一下彼此的苦恼；如果有什么台风、暴雨或是季节流行病的消息，更值得拿出来谈谈，因为那是人人都关心的。

开始交谈，的确需要相当的经验，当你面对各式各样的场合，面对着各式各样的人物，要能做得恰到好处，实在不是一件容易的事。倘若交谈开始得不好，就不能继续发展彼此之间的交往，而且还会使对方感到不快，给对方留下不好的印象。

自然、亲切有礼、言辞得体最重要。然而即使做到这一点，也不能说就一定会收到良好的效果。

因此，平时除了你最关心、最感兴趣的问题之外，还要多储备一些和别人"闲谈"的资料。这些资料往往应轻松、有趣，容易引起别人的注意。

1. 家庭问题

关于每个家庭里需要知道的各方面的知识，例如，儿童教育、购物经验、夫妇相处、家庭布置、亲友之间的交际应酬……这一切，也会使多数人产生兴趣，特别对于家庭主妇们。

2. 运动与娱乐

夏天谈游泳，冬天谈溜冰，其他如足球、羽毛球、篮球、乒乓球，都能引起人们普遍的兴趣。娱乐方面像盆栽、集邮、钓鱼、听唱片、看戏，什么地方可以吃到著名的食品，怎样安排假期的节目……这些都是一般人饶有兴趣的话题。特别是有世界著名的音乐家前来表演的时候，或是有特别卖座的好戏、好影片上演的时候，这些都是热闹的闲谈资料。

3. 健康与医药

谈谈新发明的药品，介绍著名的医生，对流行病的医疗护理，自己或亲友养病的经验；怎样可以延年益寿，怎样可以增加体重，怎样可以减肥……这一类的话题，不但能吸引人的注意，而且对他人有很大的好处。特别是遇到他本人或家人健康有问题的时候，假如你能向他提供有价值的意见，那他更是会对你非常感激的。事实上，有哪一个人、哪一个家庭没有这方面的问题呢？

4. 无伤大雅的玩笑

例如，买东西上当啦，语言上的误会啦，办事摆了个乌龙啦，等等，这一类的笑话，多数人都爱听。如果把别人闹的笑话拿来讲，固然也可以得到同样的效果，但对于那个闹笑话的人，就不免有点不敬。讲自己闹过的笑话，开开自己的玩笑，除去能够博人一笑之外，还会使人觉得自己很随和，很容易相处。

5. 惊险故事

特别是自己或朋友亲身经历的惊险故事，最能引起别人的注意。人们的生活往往不是一帆风顺的，每天大家照常吃饭，照常睡觉，可是突然大祸临头了，或是被迫到一个很远的地方，路上可能遭遇到很多危险……怎样应付这些不平常的局面，怎样机智地或是幸运地在刻不容缓的时候死里逃生，都是一个人永远不会漠视的题材。

6. 政治和宗教

这两方面的问题最容易引起人们谈话的兴趣，倘若你遇到的人在政治上和你见解颇为接近，或是具有共同的宗教信仰，那么这方面的话题，就变成最生动、最热烈、最引人入胜的了。

7. 社会新闻

假使你有一些特有的新闻或特殊的意见和看法，就足可以把一批听众吸引在你的周围。

8. 笑话

当然，人人都喜欢笑话，假如你构思了各式各样的笑话，而又富有说笑话经验的话，那么你恐怕是最受人欢迎的人了。

9. 特长

每个人都有自己的特长或者是兴趣和爱好，而每个人都对自己的特长有一定程度的关心。只要我们在与人交往中用心去观察，就很容易发现对方的长处，而在与之闲谈时投其所好，让对方因此而很快对你这个人感兴趣，从而轻轻推开交谈的大门。

五、说话要有力度

同样两个人在讲话，一个讲得听众情绪紧张起来，一件不大被人注意的事被他说得津津有味；另一个则不然，本来是一个严重的问题，在他说出来之前，听众的情绪已经相当紧张，可是他一开口，听众紧张的情绪反而松弛了，为什么呢？无非是一个说话有力度，而另一个则不懂说话的力度。

那么，怎样说话才算有力度呢？

1. 少说道歉的话

我国古来有句俗语叫作"谦，美德也，过谦则诈"。我们对别人说话，谦虚是应该有的，因为你的谦虚，会让别人容易接近。可是，你过分地谦虚了，你的谦虚便失去了价值，而且别人也无法相信你。一位演说家，当他登台之后，便对听众说道："诸位，真是很对不起，今天我所讲的题目，并不是我所熟悉的，我对这题目也没有多少的研究，准备也不充分，所以今天所讲的可能也没有多大价值，讲得不好，请一定见谅。"

一位演讲者对台下听众这样讲着，在他自己看来是谦虚，可是别人能否相信他呢？所以，我们要想说话有力，谦虚应该得当。

2. 态度要诚恳

古语讲"至诚足以感人"，要想说出有力量的话诚恳是关键，一个人无论说什么都可以，但若是口是心非，所说的话肯定不会有力量。

3. 说话要经得住推敲

一个人说话是否有力，要看是否有客观依据，即经得起推敲，只有经得起推敲的话才有充分的说服力。

在林肯当律师的时候，一位叫小阿姆斯特朗的人因涉嫌杀人案而被捕入狱。小阿姆斯特朗不服，提出上诉，林肯找到被告证人福尔逊，他发誓说在10月18日的晚上，清楚地目击了小阿姆斯特朗用枪击毙了受害者的全过程。对此，林肯要求复审。

林肯先问证人福尔逊："你发誓说看清了小阿姆斯特朗？"福尔逊答："我发誓看清了。"

林肯问："你在草堆后，小阿姆斯特朗在大树下，两处相距二三十米，你能看清吗？"

福尔逊答："看得很清楚，因为月光很亮。"

林肯问："你肯定不是从衣着方面看清是他的吗？"

福尔逊答："不是的，我能肯定我看清了他的脸，因为月光照亮了他的脸。"

林肯问："你能肯定时间是在11时吗？"

福尔逊回答："我能肯定，因为我回家时看了钟，那时是11时15分。"

林肯问到这里，便转过身来，语惊四座："我不能不告诉大家，证人福尔逊所说的全是谎言。他一口咬定10月18日晚上11时在月光下看清了被告的脸。我们都知道，10月18日那天是上弦月，晚上11时月亮都已经下山了哪里还会有什么月光？退一步说，也许他的时间记得不十分清楚，时间稍有提前。但那时，月光是从西往东照，草堆在东，大树在西，如果被告的脸对着草堆，脸上是不可能有月光的。"

六、思想是口才的基础

言为心声。语言的使用，主要取决于说话者的思想水平、文化修养、道德情操，但讲究语言的艺术也同样十分重要。同样一个思想，从不同的人嘴里说出，往往会收到不同的效果。

同样，不同的人接受他人意见的方式和敏感度都是不同的。一般来说，文化水平较高的人，不屑听肤浅、通俗的话，应多用抽象的推理；文化层次较低的人，听不懂高深的理论，应多举明显的事例；刚愎自用的人，不宜循循善诱，可以激他；喜欢夸大的人，不妨诱导；生性沉默的人，要多挑动他发火；脾气急躁的人，用语要简明快捷；思想顽固的人，要看准他的兴趣点，进行转化；情绪不正常的人，要让他恢复正常后才谈。如此等等，只有知己知彼，才能对症下药，收到最好的说服效果。

七、做生活的有心人

语言是以生活为内容的，没有生活，话就无从谈起，而生活内容越丰富，谈话内容自然也越丰富多彩。因此，我们要想说出有水平高质量的话，一是要用心观察和体会生活的点滴内容；二是要积累各种知识，做一个生活上的有心人。

古人说:"腹有诗书气自华。"广博、严谨的知识结构是表达者妙语连珠、左右逢源的坚实底蕴。当一个人在某些方面的经验和知识多于周围其他人时,他就对该方面的话题取得了发言权,并且有充分的自信心。因此,只有具备多方面的知识,我们才能赢得更多的发言权。要求一个人什么都懂并不现实,但至少要对自己的专业知识和职业知识有足够的了解,尤其要多掌握一些文史哲方面的知识。这样,你就能出口成章,言之有物。

知识丰富会扩大一个人的想象力,而想象力会为思维和语言插上翅膀。要在语言表达中"飞"起来,就必须在生活中通过学习和实践长出这样的翅膀。如果你想拥有出众的口才,就要像酿蜜的蜜蜂那样,终日在生活的百花园里采蜜;要像淘金的老汉那样,在沙砾中筛出真金。我国历代的丰富语言宝库,五湖四海的优秀语言财富,鲜明生动的民间语言,精心雕琢的书面语汇,都是我们应开掘出的"富矿"。

首先,可直接从生活中向人民群众学习语言。生活是语言最丰富的源泉,要使自己的语言丰富起来,就要从生活中汲取,老舍说:"在生活中找语言,语言就有了根。学习语言要博采口语。"俄国伟大的批判现实主义作家列夫·托尔斯泰称赞农民是语言的"大家"。语言的"天才",的确存在于人民群众之中。比如,我们讲话常用程度副词"很"字,如"很黑"。在人民群众的口语中,却用更精确、更形象、更简练的表达法"漆黑"。学习语言还要多看,即勤于观察、体验,真正熟悉你的对象,掌握它的声调、声色等,而不是生搬硬套。

其次,要多读中外名著。"熟读唐诗三百首,不会吟诗也会吟"的经验之谈,是大家所熟悉的。它告诉人们要提高口才技巧,就应多读名著。"穷书万卷常暗诵",心领神会,自会产生强烈的兴味;体味语言的精微之处,就能唤起灵敏的感觉;熟悉名篇佳作的精彩妙笔,可以获得丰富的词汇,演说和讲话时的优美语言会不招自来。

最后,知识贫乏是造成语言贫乏,特别是词汇贫乏的一个重要的原因。生活积累和语言知识,是决定一个人说话水平高低的关键。有本书上说,生活是语言的王国,愿我们每一个人都能成为这个王国里的王者。

八、如何提高说话水平

每一种谈话,无论怎样琐碎,总要保持中心点,这也是所谓谈话目的,其目的就是能够促进你和对方的关系。你必须使人觉察你是一个有思想观点的人,绝非是个糊涂虫。单单无聊地空谈,是绝不能使对方对你有一点良好印象的,更不能显出你说话的水平。

当你们谈话正用闲语来进行时,你必须不失为"虚心"者,不可自傲。

如果具有丰富的一般知识,你可以拿出来随时应付。一个人既然是社交的人,每天在生活当中,须与他人频繁发生接触,所以对于世界上的形形色色,自己应当努力去获得各方面的知识。

怎样可以得到这些知识，以便在你谈话之时有所帮助呢？最好的方法，便是每日阅读报纸。还有一个方法，是随时留意你周围所发生的事，虽然只是极琐碎的事儿也不要轻易放过它。另外还有个方法，闲着无事时常和别人谈谈天，这样不仅脑子里可以贮藏起许多知识，可当成下次谈话的资料，而且也可以使你对谈话有兴趣，甚至谈话的技巧也会更加熟练起来。

世界著名的谈话艺术专家切司脱·费尔特先生，曾经教人谈话时注意下列一些问题。他说道：

"你应该时常说话，但不必说得太长。少叙述故事，除了真正贴切而简短之外，总以绝对不讲为妙。

"和人谈话，同时也要注意到态度。切不要拉住别人的衣袖，手舞足蹈地讲话，应当和顺一些，切忌妄自尊大，平常的讲话要避免争论。谈话最好要一般化，勿作自我的宣传，把自己捧上天去。外表应该坦白而率直，内心应该谨慎而仔细。

"谈话的时候，姿态可以表现你的诚意，所以要正面向着人家，不要随随便便，不要模仿他。

"和人家开口赌咒，闭口发毒誓，是既坏又蠢而且粗鄙拙劣的事。高声哄笑，是文化素养不高的表现，真实的机智和健全的理性，绝不会引人哄笑的。此外，再没有比咬人耳朵，像蚊虫叫似的谈话态度，更叫人难受的了。"

这位谈话艺术专家以上列的各条警戒人的谈话艺术，除开"禁止大家哄笑"这一条外，大多都是正确的。因为粗声喧闹固然有失常态，但是出自情感挑动的大笑，是不会妨害到任何人的。

在任何谈话之中，必须记住，切不可以说到会触怒他人的话题上去。因为凡是在你面前听你谈话的人，一定会从你的谈话中窥测你的个性，同时也在留意你日后是否会说他本人的坏话。

以下是口头表达的基本技巧。

1. 轻松自然

约翰·莫菲说："我们不要硬是从头脑中榨出一些名言警句。当我们放松下来的时候，很多妙语就会自然而然地产生出来……"甚至在最具刺激性的谈话中，也有50%的内容是没什么意义的。只有经过一段加热过程，思想的车轮才能转动起来。

2. 循循善诱

成为一位出色的交谈家并不在于你有多聪明，或者有多少传奇性的经历，而在于启发、诱导别人讲话。值得一提的是，"你"在谈话中是一个前进的信号，而"我"则是一个停止的信号。要设法把谈话引向对方的兴趣点，多用"为什么""哪里""怎么样"等。当他说"我在宁夏老家开了个店"时，你千万不要匆忙抢着说："啊，我在西安也有两家店铺。"而应该问："在宁夏的什么地方？"

3. 长于忍耐

在与人交谈中，千万不要期望对方一开始就热情高涨，善言者总是等到对方变得热心以后，才试图从他们那里引导出一些有趣的想法，因此，在谈话中一定要长于忍耐。例如，他们会先问："请问您尊姓大名？您是哪里人？您的丈夫是干什么的？您准备在这儿待多久？您是乘飞机来我市的吧？"等，以激起对方的谈话兴趣。谁关心这些？你也许会这样问。诚然，这些问题似乎没有任何风采和智慧可言。它们的确能使交谈启动起来。

4. 注意谈话重心

无可否认，人们总是对自己的工作、家庭、故乡、理想表现出浓厚的兴趣。其实，即使像"你从哪里来"这样一个简单的问题也说明你对别人感兴趣，结果会使别人也对你产生兴趣。但你千万别像一位年轻的剧作家那样，跟他的女朋友谈论了自己的剧本两个小时后，接着说："有关我已经谈得够多了，现在来谈谈你吧。你认为我的剧作怎么样？"

5. 多说赞同的话

如果他说："我是在农村长大的。"你最好回答："我也是。"或多少说一点你有关农业方面的知识和经验，这会让他感到很亲切。如果他说："我喜欢吃冰淇淋。"恰好你也有同样的爱好，一定要想办法告诉他。如果他说他出生在东北的一个小镇上，碰巧你过去也喜欢在那里度暑假，那你也一定要告诉他……

6. 适当谈谈自己

当有人要求你讲自己的时候，不要守口如瓶地拒绝。稍微告诉对方一点你的情况，他会感到十分荣幸，因为你是用非常友好的姿态与他交谈的。

7. 尊重对方

交谈双方应相互尊重，即使已经相熟，也不可胡乱开玩笑。逗弄和取笑会触痛别人的自尊，而威胁他人自尊的任何事情都是危险的，即使在玩笑中也是如此。民意测验的结果表明，人们不喜欢被取笑，即使是他们的亲朋密友。只有在非常亲密的朋友之间，才可以开一些充满善意的玩笑，因为他们是不会追究那些无关紧要的小事的。如果别人非常了解你，非常喜欢你，你也可以与他开个玩笑，但千万别开得过了头。

九、积之愈深，言之愈佳

人类知识包罗万象、纷繁复杂，也是当众讲话者侃侃而谈的力量之源。知识在于厚积而薄发，有深厚知识积累的人，讲起话来，也底气十足，成竹在胸。有的人说话之所以很有水平，究其根本原因，就在于丰厚的知识积累。胸有成竹，欲发则出；积之愈深，言之愈佳。

交谈看起来好像是临场发挥，其实也是平时积累的结果。要想在社交时有话可讲，必须注重平时一点一滴的积累。"台上一分钟，台下十年功"说的就是这个道理。

对讲话者来说，知识是多方面的；对不同的人，有不同的知识要求；不同的人，对知识的把握程度也不尽相同。但作为讲话者应当掌握的最基本的知识有以下方面。

1. 处世知识

处世就是指处理人情世故、社会活动、与人交往。每个人与社会都有千丝万缕的联系，作为人类社会的一分子，没有基本的为人处世之道，是无法在社会立足的。

曹操出兵汉中，与刘备相持不下，进退维谷。夏侯惇夜入帐问夜间号令，时曹操正喝鸡肋汤，便随口道："鸡肋。"杨修听传"鸡肋"号令，便叫军士收拾行装准备归程。夏侯惇不解，问何故。他说："以今夜号令，便知魏王不日将退兵归也：鸡肋者，食之无味，弃之可惜。今进不能胜，退恐人笑，在此无益，不如早归。来日魏王必班师矣。故先收拾行装，免得临行慌乱。"于是各营军士皆打点起行装来。曹操闻之大惊，斥责杨修道："汝怎敢造言，乱我军心？"喝令斩之。

曹操杀杨修，后人多有评说。清初毛宗岗说："杨修之死，在于'不善处人骨肉。'夫以正直忤操，则罪在操；以不正不直忤操，则罪在修。故修之死，君子于操无责焉。"（《三国演义》毛批）他认为杨修是自取其祸，根子就在于不善处事，乱说话。这应当说是中肯的。作为一个下属，忘了自家身份，随意揣测主帅的意图而擅自散布消息，当然是不应该的。

2. 世事知识

世事知识指的是社会生活中方方面面的常识、经验、教训、风土、人情、习俗、掌故等。这种知识是一种客观存在，一般无须潜心去学，只要不脱离社会生活，在实践中都会逐步体会、感悟得到。人们要想丰富自己的语言修养，实现当众讲话的沟通目的，就必须具备这类知识。曹雪芹就认为："世事洞明皆学问，人情练达即文章。"一个不谙世事的人，所发言辞要么造成笑话，要么酿成苦酒。

3. 文化知识

文化是指大文化，是人类在社会历史发展过程中所创造的物质财富和精神财富的总和，诸如天文、地理、历史、文学、艺术、哲学、经济、法律等。这些知识往往以成语、典故、佳作、名言、警句为载体，最能陶冶情操、提高修养、开阔视野，从而使表达者的言辞也更具感染力、说服力、吸引力。这种知识不能从实践中获得，需要孜孜不倦地学习。在人生路上，只要不断积累学习，当众讲话时便会充满活力，如滔滔江水连绵不断。

十、同学间社交礼节

对于我们青少年来说，我们生活的环境主要是校园和家庭，在学校的主要任务是学习，交往的对象主要是父母、教师和同学。但是，如果我们不会正确地处理人际关系，就会造成许多不必要的烦恼，既影响自己的学习，又让自己过得不快乐。

那么，我们应该如何正确地和自己的同学相处呢？其中，最为关键的一点是时时处处事事以礼相待。具体地说，要注意以下礼仪的养成及训练。

1. 见面互致问候

每天早晨同学相见时，我们应互相致意问早、问好。同学间可彼此直呼其名，但不能用"喂""哎"等不礼貌用语称呼同学。在有求于同学时，须用"请""谢谢""麻烦你"等礼貌用语。借用同学的学习和生活用品时，应先征得同意后再拿，用后及时归还并要致谢。

2. 教室保持安静

在教室里上课，我们要随时保持安静、整洁，维护教室良好的学习环境。课间不要追跑打闹，以免教室桌椅歪斜，尘土飞扬，影响同学们的学习、休息及身心健康。

3. 走路互相礼让

课间休息时，我们在楼道内行走要靠右慢行，不要快速奔跑猛拐，遇到同学时放慢脚步，慢行礼让。

4. 对同学有爱心

在人生的路上，我们每个人都不可能一帆风顺，当自己的同学遭遇不幸，或者遭遇偶尔的失败，或者遭遇学习上暂时的落后时，我们不应嘲笑、冷落、歧视，反而应该热情帮助，伸出援手。既可以帮助同学分析原因，总结经验教训，也可用安慰、同情、鼓励的话语去抚平同学心灵的皱折。有时，即使是一句话不说，只陪同学散散步、打打球也不失为友爱的方式。

说话是人的天赋本能，但良好的谈吐却要靠后天的练习。说话，对一个人来说是一门艺术。语言是人们不可缺少的一种传达思想感情的工具。善于说话，小则可以欢乐，大则可以兴国。虽然每个人都能说话，但能把话说得好的人却不多，说话并不见得比写文章容易，文章写好了可以修改，但话说出来了，要想修改是比较困难的。正所谓"说出去的话，泼出去的水"，就是这个意思。

字为文章之衣冠，言语为个人学问品格的衣冠，有许多人相貌堂堂，看上去高贵华丽，但是不开口还可以，一开口则满口粗俗俚言，使人听了非常不愉快，仅存的一点点敬慕之心，也立马全部消失，这种情形并不少。可惜的是有些人并非学问品格不好，不过一时大意，自己不知道提高自己。俏皮而不高雅的粗俗俚言，人们初听时觉得新鲜有趣，偶尔学着说说，积久便成习惯，结果就随口而出。试想那些话在社交场上给人听见了，会产生怎样的反感呢？不习惯说这种话的人，听到时会觉得难堪的。

有一次，佛勒先生与某大银行的一位主管见面时，偶然说起他想在长岛设立一家银行，若能如愿，将来生意一定发达，前途无量。但是那位主管如何回答他的呢？他不但对这个计划不加赞同，甚至露出十分轻蔑的态度说："好啊！若是你寿命长，也许有一天你是可以在这里开设一家银行的。"说完便起身告辞。

后来佛勒先生告诉别人说:"当时我听了他的那句冷语不觉燃起万丈怒火,这是什么话!'若是你寿命长',不就等于说我是一个庸碌无能、怠惰成性、专等机会的人吗?这不是等于讥讽我一生一世也开不出银行来吗?这样大的一个耻辱,岂是一个堂堂男子汉所能忍受的?我便立即打定主意,计划着手开设一家银行来给他看,而且非使我的银行营业额超过他的纪录不可。我真的这样做了,而且不到4年,我们银行的存款数额果然已经超过他的一倍以上!"这位主管的舌头在不经意间为自己树起了一个强大的敌人。

说话是一种艺术,也是一种技窍。一个人只有掌握这种巧妙的方法,充分利用自己的三寸不烂之舌,才能获得成功。

在说话的时候要讲究优雅得体,文明礼貌,说话的时候不可唯我独尊。很多政治家、军事家,因一言兴邦或丧国。对于一个人来说,不仅要移花接木,还应落地生根。

十一、得体地运用称呼语

称呼是指人们对他人的称谓。在社交场合,人们对别人如何称呼自己非常敏感和在意,亲切恰当、礼貌得体的称呼不仅能表示对被称呼者的友好与尊重,同时也反映了称呼者的修养与文明,从而能够促使双方心理上感觉融洽,让交际进行得顺利、愉快。由于说话场合以及说话双方的身份、年龄、文化背景的影响,人们对同一个人的称呼是多种多样的。所以,我们要充分了解有关称呼的各种知识,在具体的人际交往中因时制宜、因地制宜、恰当得体地称呼别人。正确选择和使用好称呼辞令,主要应该把握好以下八个方面。

1. 注意礼貌尊崇

使用称呼时一定要礼貌待人,才能达到交际的目的。在交际时,称对方应用"您""您几位"等礼貌用语。对一些有残疾的人,称呼时一定要注意委婉,不可损伤对方的自尊心。

2. 注意适度得体

尽管出于礼貌或尊崇,若不适度得体,则往往会适得其反。适度,要求视交际对象、场合、双方关系等情况选择合适的称呼。得体,则要求对人的称呼要符合被称呼人的身份特点。所以称呼语的选择和使用要看询问、交谈对象的职业、年龄、性别等条件。例如,见到工人尊称"师傅";见到农民亲切地称"老乡";见到干部、战士、知识分子称"同志"比较合适;等等。

3. 注意时间场合

称呼他人要做到亲切、礼貌、自然和得体,称呼语的选择和使用必须注意适时、因人因地制宜。也就是注意审时度势,根据时间、场合的变化而随机应变,不可千篇一律,循规蹈矩。如对外交往,称"先生""女士""太太""小姐";在平时口语中,称"小刘""老王"自然亲切。

4. 注意地域差别

不同地域，对同一对象称呼可能不同，即使称呼相同，所指也可能不同。

5. 注意感情色彩

有些称呼本身就带有明显的感情色彩，如"老模范""老党员"等，属于尊称。而叫人绰号，有时虽有亲昵感，但更多的往往带有轻蔑之意。有一些绰号带有贬义或讥讽的意思，对方听了肯定会反感的。

6. 注意主次、先后

在社会交往中，如果同时需要对不止一人进行称呼时，一般来说应有个顺序，以先长后幼、先上后下，或先疏后亲为妥。

7. 注意民族习惯

不同民族，语言中的称呼也会不同。"先生"是西方人对成年男子的称呼。称先生的同时可以冠以姓名、职称、头衔等。如"密特朗先生""市长先生""教授先生"。

"女士"是西方国家对成年女性的通称，一般冠以她自己而非丈夫的姓名。也可以称"夫人"，冠以丈夫的姓名或丈夫的姓以及她自己的名；已离婚的妇女可冠以她自己的姓名或前夫的姓以及她自己的名，而不能仅用前夫的姓。成年而未婚的女子称"小姐"，冠以她的姓名。

对有官衔的人称官衔，而对部长、将军、主教以上的男女高级官员，可酌情称"阁下"，并冠以职衔。如"部长阁下""首相阁下"。但有些欧美国家，如德国、美国、墨西哥等国往往称"先生"而不称"阁下"。

在君主制的国家，按习惯称国王、皇后为"陛下"，称王子、公主、亲王为"殿下"，对有爵位的人称爵位，也可称"阁下""先生"。

对有知识或具有博士学位的人应称职衔或学位。尤其对具有博士学位的德国人，最好是把对方的学位记在心头，并且不厌其烦地使用"博士"这个称呼。有些国家助理医生也称"医生"，副教授也称"教授"。在英国，对内科医生称"医生"，对外科医生称"先生"。

对军官称军衔或先生，或者直呼其姓名。

对于宗教界神职人员应该尊重他们的宗教信仰，称呼他们的宗教职称，或加姓名、先生，如"牧师先生""阿卜杜拉阿訇"等。

8. 注意上下长幼

在交际活动中的上下关系，尽管不必像封建时代那样等级森严，但用合适的称呼体现出交际双方的上下长幼，以示礼貌，这也是非常必要的。

十二、使用敬语和谦词

寄语青少年，"言值"很重要

语言是思想的衣裳，它可以表现出一个人的高雅或粗俗。如果你要接通情感的热流，使社交畅通无阻，就应得体地运用礼貌谦词。

很早以前，有位士兵骑马赶路，到黄昏时还找不到客栈，见前面来了位老农便高喊："喂，老头儿，离客栈还有多远？"老人回答："五里！"士兵策马飞奔十多里，仍不见人烟。"五里、五里！"他猛地醒悟过来，"五里"不是"无礼"的谐音吗？于是他掉转马头赶回来亲热地叫了一声："老大爷。"话没说完，老农便说："你已经错过路头，如不嫌弃，可到我家一住。"

交际谈话中如能用礼貌语言，就会让人感到"良言一句三冬暖"，使人与人之间的感情很快地融洽起来。例如：您好，谢谢，请，对不起，别客气，再见，请多关照，等等。

如见面时称道"早安""午安""晚安""请代问全家好"等。语言务必要温和亲切，音量适中。若粗声高嗓，或奶声奶气，别人就难有好感。运用礼貌语，还要注意仪表神态的美，当你向别人询问时，态度尤其要谦恭，挺胸胰肚，直呼其名，若用鄙称，必遭人冷眼，吃"闭门羹"。

在交往中得体地使用礼貌语言和谦词，可以给对方留下良好的印象。和人相见，互道"你好"，这再容易不过了。但别小瞧这声问候，它传递了丰富的信息，例如，表示尊重、亲切和友情，显示你懂礼貌，有教养，有风度。

美国人说话爱说"请"，说话、写信、打电报都用，如请坐、请讲、请转告。传闻美国人打电报时，宁可多付电报费，也绝不省掉"请"，因此，美国电话总局每年从"请"字上就可多收入上千万美元。美国人情愿花钱买"请"字，我们与人相处，说个"请"字，既不费力，又不花钱，何乐而不为呢？

英国人说话少不了"对不起"这句话，凡是请人帮助之事，他们总开口说声"对不起"：对不起，我要下车了；对不起，请给我一杯水；对不起，占用了您的时间。英国警察对违规司机就地处理时，先要说声"对不起，先生，您的车速超过规定"。两车相撞，大家先彼此说对不起。在这样的气氛下，双方的自尊心同时获得了满足，争吵自然不会发生。

成功人士说话非常注意用礼貌语言，如：你好、请、谢谢、对不起、打扰了、欢迎光临、请指教、久仰大名、失陪了、请多包涵、望赐教、请发表高见、承蒙关照、谢谢、拜托您了，等等。礼貌用语运用得当，可令人心花怒放，满面春风。

口才是社交的需要，是事业的需要。一个不会说话的人，无疑是一个失败者。是的，如果一个人上台紧张、思绪紊乱、语无伦次……那一生中肯定会失去很多机会，并影响自己未来的发展。罗振宇说："当代社会，最重要的能力是表达能力。因为未来社会最重要的资产是影响力。"

影响力是怎么构成的呢？

有两个能力：一是写作，二是演讲。

著名学者朱自清先生曾经说过："人生不外言、动，除了动就只有言，所谓人情世故，一半是在说话里。"因此，一个懂得说话艺术的人，一定是懂得如何做人做事的人。假如奥巴马没有那么激动人心的演讲能力，假如哪位领导在演讲席上面红耳赤说不出话来，假如你结结巴巴地去应聘，事情的结局是不是就是另外一番景象了呢？可是，怎样说话才可以让我们的仕途更加平坦呢？口才是一门优雅的说话艺术。说话，作为一种艺术具有巨大的美感与魅力，它能缔造友情、密切亲情、寻觅伴侣、调和关系等，是人际交往中最不可缺少的工具，更是连接人们之间关系的纽带。谈话质量的好坏，直接决定了人际关系的和谐与否，进而会影响到事业的发展以及人生的幸福。尤其对于现代人来说，卓越的口才、有技巧的说话方式，不仅是家庭幸福的法宝，更是事业披荆斩棘的利剑。会说话的人才是最出色的。社交场上成功的人，必定会在言谈中闪烁着真知灼见，给人以深邃、精辟、睿智之感。一个成功的人士必须拥有好的口才，只有这样才能给自身带来更多的利益和机遇。

第二篇

好口才改变孩子的一生

第一章 社交口才——会说话让孩子左右逢源

一、自我检测：你是个会说话的人吗

我们已经知道：只有学会说话后，才能避免出现谈话陷入僵局的事情，说话语气柔和、不生硬，更容易使人接受。那么，想一想，你是个会说话的人吗？你说的话别人乐意接受吗？通过下面的测试，你就知道答案了。

（1）在公众场合，当有人和你说话时，你会认真地听吗？

A．不会。

B．有时。

C．会的。

（2）当有人试图与你交谈或对你讲解一些与你关系不大的事情时，你是否时常觉得很难聚精会神地听下去？

A．强烈肯定。

B．有时。

C．绝对否定。

（3）一个在火车上刚认识的朋友详细地向你讲述他从艰苦奋斗到成功的全过程，并期待你的回应。对此你会如何反应？

A．极不情愿，觉得不舒服。

B．无动于衷。

C．很乐意倾听。

（4）你是否觉得需要一个人静一静才能清醒和整理好思路？

A．是的。

B．有时。

C．不是。

（5）你是否很难放松警惕，向他人倾吐自己的心事，除非他是你多年相识的密友？

A．强烈肯定。

B．有时。

C．绝对否定。

（6）你往往和哪种人最容易相处？

A．相处很久的人。

B．已经了解的人。

C．各种人。

（7）你是否会刻意避免表达自己的感受，因为你认为说了别人也不理解，是这样吗？

A．是的。

B．有时。

C．不是。

（8）你是否认为轻易流露心情和感受的人是没有内涵的人？

A．是的。

B．有时。

C．不是。

（9）你是否总是在人群中的气氛达到高潮时反而有一种强烈的失落感？

A．经常如此。

B．有时。

C．从未有过。

评分标准：

以上各题中选 A 为 1 分，选 B 为 2 分，选 C 为 3。

测试分析：

（1）得分为 22～27 分：非常会说话

你是一个非常会说话的人，也非常懂得交际，能够营造一种热烈气氛。你会鼓励对方多开口，认为别人同你谈得来，彼此十分投缘。由于懂得说话的技巧，你是非常讨人喜欢的，并知道什么时候该说，什么时候不该说。

（2）得分为 15～21 分：跟熟悉的人很能说话

你是个外冷内热的人，其实交谈也是你的强项，只是你不会轻易显露。你大概比较热衷于跟别人做朋友，如果你与对方不太熟悉，你开始会很内向，不太愿意跟对方交谈。但时间久了，你便乐意常常搭话。

（3）得分为 9～14 分：不太会说话

你现在还没有掌握说话的艺术，所以也就不太爱说话，或者你本来就有语言排斥的倾向。这说明你只有在极其需要和别人沟通的情况下才同别人交谈，或者你与对方有强烈的志同道合的感受，才会开尊口。通常你不会通过语言的形式去发展友谊，除非对方愿意主动、频频地跟你接触，否则你便总处于孤独的个人世界里，并有些自闭倾向。为了改善你的人际关系，你最好主动一些，大方地与人交往，这样就能够锻炼自己的交际能力。说话也是一门艺术。俗话说，"良言一句三冬暖，恶语伤人六月寒"，有很多人说的很多话，立足点和出发点本来是不错的，但由于不注意说话艺术，往往导致无谓的误解和争端。所以，如何学会见什么人说什么话，怎样把话说到别人的心窝怎样把话说得滴水不漏，是我们建立良好人际关系的前提。

二、定制自己的说话形象：改掉不良的说话习惯

如果一个人的脸上长有疤痕，可以从镜中窥见，可以使用化妆品或药品加以治疗弥补。

同样，谈吐方面的缺陷也可以改变，只要治疗之前，自己能够清醒地认识到自己的这些缺陷。如果不清楚自己说话的缺陷，也可以试着拿一面镜子对照自己说话的姿态：是否手势过多，是否翘起嘴角，是否表情难看，是否过于冷漠、紧张、僵硬，是否强抑声调……

以下几点是我们说话中常有的缺陷，我们可以对照检查，并加以改正。

1. 说话用鼻音

用鼻音说话是一种常见且影响极坏的缺点，当你使用鼻腔说话时，就会发出鼻音。如果你用大拇指和食指捏住鼻子，你所发出的声音就是一种鼻音。如果你说话时嘴巴张得不够，声音也会从鼻腔而出。在电影里，鼻音是一种表演技巧，如果演员扮演的是一种喜欢抱怨、脾气不好的角色，他们往往爱用鼻音说话。如果你使用鼻音说话，鼻音对于女人的伤害比对男人更大，你不可能见到一位不断发出鼻音，却显得迷人的女子。如果你期望自己在他人面前具有极大的说服力，或者令人心旷神怡，那么你最好不要使用鼻音，而应使用胸腔发音。正确的方法是，平时说话时，上下齿之间最好保持半寸的距离。

2. 声音过尖

一个人受到惊吓或大发脾气时，往往会提高嗓门，发出刺耳的尖叫。一般女性犯此错误居多，要多加注意。因为尖锐的声音比沉重的鼻音更加难听。你可以用镜子检查自己有无这一缺点：脖子是否感到紧张？血管和肌肉是否像绳索一样凸出？下颚附近的肌肉是否看起来明显紧张？如果出现上述情形，你可能会发出刺耳的尖声。这时你就要当机立断，尽快让自己松弛下来，同时压低自己的嗓门。

3. 说话忽快忽慢

一般来讲，说话的速度很难掌握，即使是一些职业演说家或政治家，有时也不容易把握好自己说话的速度。说话太快，别人就听不懂你在说些什么，而且听得喘不过气来。说话太慢，人们就会根本不听你说，因为他们缺乏一种耐心。据专家研究，适当的说话速度为每分钟120～160个字之间，当我们朗读时，其速度要比说话快。而且说话的速度不宜固定，你的思想、情绪和说话的内容会影响你表达的快慢。说话中把握适度的停顿和速度变化，会给你的讲话增添丰富的效果。

为了测试自己说话的速度，你可以按照正常说话的速度念上一段演讲词，然后用秒表测出自己朗读的时间。如果你说话的速度每分钟不到上面那个标准，就可以试着调整说话速度，看是否会收到良好的效果。

4. 口头禅过多

日常生活中，人们听到这样的口头禅，如"那个""你知道不""是不是""对不对""嗯"等。如果一个人在说话中反复不断地使用这些词语，一定会损失自己说话的形象。口头禅的种类繁多，即使是一些伟大的政治家在电视访谈中也会出现这种毛病。

当然谈话中"啊""呃"等声音过多，也是一种口头禅的表现，著名演说家奥利佛·霍姆斯说:"切勿在谈话中散布那些可怕的'呃'音。"如果你有录音机,不妨将自己打电话时的声音录下来,听听自己是否有这一毛病。一旦弄清了自己的毛病,那么以后在与人讲话的过程中就要时时提醒自己注意这一点。

下面介绍几种克服口头禅的方法以供参考。

(1)默讲。出现口头禅的原因之一,是对所讲的内容不熟悉,讲了上句,忘了下句,此时就要用口头禅来获得一点思考的时间,以便想起下句话。事前默讲几遍,对内容、措辞十分熟悉,正式讲话时就能减少或不出现口头禅了。

(2)朗读。克服口头禅的朗读法,就是将自己的口语,从不清楚变为清楚、流利的语言。如果内部语言流畅贯通,就不会出现口头禅。出声朗读老舍、叶圣陶等语言大师的作品,有助于用规范的语言来改善自己不规范的语言。

(3)耳听。广播员、演员的语言,一般都较为规范,没有口头禅。平时听广播、看电影时,可边听边轻声跟着说。久而久之,你会惊喜地发现:自己的口语精练了,口头禅少了,连普通话水平也提高了。

(4)练习。听听自己的讲话录音,会对自己讲话中的口头禅深恶痛绝。这样,往往能使自己讲话时十分警惕,口头禅也会随之变少。

(5)慢语。在一段时间内,尽量讲慢些,养成从容不迫的思维和说话习惯,一句句想,一句句说,对克服口头禅有很好的效果。

5. 讲粗话

讲粗话是说话的恶习。俗话说,习惯成自然。随便什么事情,只要成了习惯,就会自然地发生。讲粗话也是如此,一个人一旦养成了讲粗话的习惯,往往是出口不雅,自己还意识不到。讲粗话是一种坏习惯,是极不文明的表现,但要克服这种习惯也并不是一件易事。比较有效的办法是,找出自己出现频率最高的粗话,集中力量首先改掉它。首先是改变讲话频率,每句话末停顿一下;其次讲话前提醒自己,改变原有的条件反射。出现频率最高的粗话改掉了,其他粗话的克服也就不难了。

请别人督促也很重要。当然,这里的"别人"最好是了解自己的人,这样督促起来可以直截了当。由于有时自己讲了粗话还不知道,请别人督促就能起到提醒、检查的作用。督促还有另一层心理意义,那就是造成一种不利于原有条件反射自然发生的外界环境,以促进旧习惯的终止。

6. 结巴

"结巴"是口吃的通称。"结巴"对于极个别的人来说是一种习惯性的语言缺陷,是一种病态反应,他们也被称为口吃患者。口吃就是说话时字音重复或词句中断的现象,要想治愈说话"结巴"的毛病,除药物治疗外,更重要的是去除心理障碍。日本前首相田中角荣少年时代就是口吃患者,为了克服这个缺陷,他常常朗诵课文,为了发音准确,就对着镜子纠正嘴形，后来他成了一位著名的政治家、演说家。有口吃的人不妨试一试这个方法，坚持朗读文章，只要坚持不懈并保持良好的心态，相信一定会产生好的效果。

7. 毛手毛脚

毛手毛脚，意即说话时动作过于频繁。可以检查一下自己，是否在说话时不断出现以下动作：坐立不安、蹙眉、扬眉、歪嘴、拉耳朵、摸下巴、插头皮、转动铅笔、拉领带、弄指头、摇腿等。这都是一些影响你说话效果的不良因素。当你说话时，动作过于频繁，听者就会被你的这些动作所吸引，根本不可能认真听你讲话。

三、培养自己说话的风格

培养自己说话的风格，使其独树一帜，对你的说话将起到意想不到的效果。一个人说话有自己的风格，说话才容易吸引别人，并产生应有的魅力。同样，如果你想成为说话高手，那么，你的说话风格就必须要有某种独特的地方，以便引起人们的注意，或者使人们容易记住你。你可以利用自己的长相，或身体某种特殊之处，来引起别人注意，但这只能是暂时的，也是远远不够的，它只能帮助你引起人们的注意，而不能真正吸引人们。除非你有伟大人物的那种超凡的魅力，否则你必须培养自己说话的风格，这才是使你让别人信服和不忘的最好方法。

美国的艾奥瓦州锡格尼市的凯欧库克旅馆是方圆几十里的流动推销员最爱去的地方，他们不管远近都想到那里去投宿。为什么呢？因为那里的店老板，人称"快乐的韦勒"，是一位笑口常开的人。他对谁都能说上几句好听的话，自从人们认识他这么多年以来，从来没有听到他对谁说过一句不顺耳的话。韦勒有他与众不同的地方，说话有他自己独特的风格。后来他成功了，成为当地有名的富翁。

记住你谈话的风格，你与别人交谈的方式，都能为你的名声和你的成功做出重大的贡献。如果你对下级讲话趾高气扬，甚至有鄙视的口吻，那下级就会怨恨你。如果你对上级讲话过于谦恭，他们就可能认为你缺乏能力或者没有骨气，不敢委你以重任。你讲话的风格，不仅是你使用词汇的问题，而且是你使用词汇的方式方法的问题，从中也能反映出你的态度和修养。因此要想树立自己的讲话风格，说话就不能忽左忽右变化无常，更不要试图去模仿别人，表现出不属于自己风格或不适合自己风格的东西。虽然学习别人是件好事，但不要故意去模仿别人的风格或者说话的口吻。这种道理很简单，不用多解释谁都会明白，谁都不想遇到一个装腔作势的谈话者。学别人说话，就像那种喝了大量酒的人，他隐瞒不了自己喝了酒的事实，因为人们一闻就明白了，"他把自己当成了别人"。

在谈话的时候，表现出自己自然的风格是上策，但要努力发展你自己的独特风格，而不是去发展别人的独特风格。有些人，当他们与别人谈话时，认为自己有必要装腔作势，或者戴上一副假面具；有些人试图表现得很友善，有的时候甚至表现出媚态；有些人急功近利，就像做电视商业广告一样。这些人的失误在于他们表现的都不是他们自己的本色，自然得不到别人的信服。要有自己的个性，你看到的我是什么样，我就是什么样，不管你喜欢不喜欢，但你总会相信同你谈话的那个人是真实的，不是假冒的。无论对也好，错也好，都要真诚地对待每一个人。因此，只要把握好说话的分寸、原则，总会受到别人的喜欢，从而慢慢形成自己说话的风格，因为你用真诚的自我与别人交流，你用自己的风格和别人说话。

四、给人留下良好的印象

"印象"，是一个人的某些特征在他人头脑中留下的迹象。而"第一印象"，是在与人初次接触时给对方留下的形象特征，心理学上称为"首因效应"。著名演讲家谭尔·贾耐基说："最近，我在纽约参加过一个宴会，中间有一位少女，她在不久之前得到了一笔巨额的遗产，所以她就花了大量的金钱，把自己从头到脚装饰得十分华丽。她为什么要这样做呢？无疑，她是想使宴会中的所有宾客对她都有一个好印象。可是，不幸得很，她的衣饰是足够富丽了，但是，她的一副面孔，十分的深沉，好像是有着一股凌人的傲气，令人看了无论怎么也不会生出愉快的感情来。她只知道在自己的服饰上用工夫，而忘掉了人最要紧的是面部的表情。"

确实，一个人有着一张笑脸，那是谁都欢迎的，如果老是一张哭丧脸，那么无论服饰怎么富丽，也会使人讨厌。这情形不单有关于女人，凡是男女老幼，都是一个样的。两个孩子，一个是天真烂漫，十分快乐的，一个愁眉蹙额，老是一副哭丧相，试问你喜欢哪一个孩子呢？

第一印象在人际交往中所产生的定势效应有很大的稳定性，一个人留给他人的第一印象就好像深刻的烙印，很难改变。良好的第一印象是成功交际、创建和谐的人际关系的良好开端。因此在与人的初次交往过程中，要注意给人以良好的第一印象。该怎么做呢？

首先，礼貌待人，主动热情。礼貌待人要求用语礼貌，使用"请""谢谢您""对不起"等日常礼貌用语既是对别人的尊重也是对自己的尊重。另外还要举止得体，坐有坐相，站有站姿，不忸怩作态，也不随意放肆。主动热情要求在交往中表现为喜欢、赞美和关注他人。同时良好的卫生习惯、机灵勤快也能给人留下深刻的印象。

其次，积极求同，缩短距离。人际交往中有个重要的原则：相似性原则。双方只要在兴趣、爱好、观点、志向，甚至年龄、籍贯、服饰等方面有相同之处，往往可以缩短彼此间的距离，消除陌生感。常言道：亲不亲，故乡人；美不美，故乡水。异邦遇同乡，他地谈故里。初次交往积极寻求接近的共同点，会给人留下良好的第一印象。

最后，了解对方，记住特征。与人初次交往之前，如有可能要尽量了解对方的情况，作为相识和交谈的基础。譬如，你了解到对方喜欢养花，那你就可以在谈话时说些有关养花的逸闻趣事，对方一定对你的谈话感兴趣。

五、如何把握说话的节奏

说话不仅可以表现一个人的内在形象，更可以体现出一个人的内在修养。

那些讲话磕磕绊绊没有任何节奏感的人，很少能够打动我们，这样的人，几乎说不出什么值得我们去注意的东西。只有懂得说话的节奏、思路清晰的人，才会有活跃的思维。

掌握好节奏的最高境界是说话自然流利。

当然，恰当的停顿不属于不流利，因为我们经常利用停顿展开新的思路，或者从一个要点过渡到另一个要点，或者重复某个词以期给听众留下更深一层的印象。

磕绊的次数是可以数出来的，这也是熬过听那些令人生厌的讲话的有趣方法。在大多无味的讲话中都会磕绊。在你自己的讲话中，请别人统计一下，你发生磕绊的次数，具有很大的实际价值。

很少有人能够在即兴讲话中不出现磕绊情况。我们发现最多达到每分钟30处，有许多的教授也有20处之多。

那么，如何提高说话的流利水平呢？

首先，应熟悉讲话的主题。当我们的思考不发生任何迟疑的情况时，要说的话也自动地到了嘴边。充分的准备可以增加流利程度，因为这能增加自己的自信心，从而更能坚信自己要讲的东西。另外，熟悉主题会使讲话者有更大激情，这种激情会使讲话者的整个身心都投入到其演说的境界之中。这样，流利也就不成其问题了。

其次，发音要准确。发音含糊不清是说话犹豫的一种表现。如果讲话者连续几个地方都有迟疑不决的现象，就会使人感到他其实并不知道自己在讲什么，而是在头脑中力图发现哪儿出了毛病，结果说话更加不流利。因此，如果我们有意识地在流利方面做出一些努力，会收到很好的成效；反之，如果我们在演说的其他方面下功夫，而认为到时候自然会流利起来，那结果将只有失望。

再次，要充满热情。我们注意到，人们激动时，声音变高，语速变快，此时，语言似乎更加流利。所以，在演讲时，要用你的热情感染他人，要大声讲话。如果你的情绪已经紊乱，如果你站在听众前面怕得发抖，你就特别要大声地讲话。

最后，迅速地讲话也能提高流利程度。当你迅速讲话时，你的心理便能更快地发挥功能，就像阅读一样，如果你能集中力量快速阅读，那么，在你只用于读一本书的时间内，你就能读两本书，并且获得更透彻的理解。

掌握好说话的节奏，使说话就像琴弦一样有张力，像流水一样缓缓东流。对此，我们应该积极地学习。

六、话要说在点子上

"吹笛要按到眼儿上，敲鼓要敲到点儿上"，话说在点子上对方自然会欣然接受。

古人讲："山不在高，有仙则名；水不在深，有龙则灵。"说话也是如此，话不在多，点到就行。在生活节奏紧张快速的现代社会中，没有人愿意花费大把的时间去听你的长篇大论。这就要求你在谈话时要做到言简意赅，一针见血。

乔治是美国加利福尼亚州的大亨，资产逾10亿美元。某年他与商业伙伴戴维从加州飞往中国某大城市，准备投资建厂，寻找合作伙伴。

三天后，乔治坐到了谈判桌前，谈判对象是我国某一大型企业的领导。这位领导精明能干，通晓市场行情，令乔治颇为欣赏。听了这位领导对合资企业的宏伟设想后，乔治感到似乎已看到了合资企业的光辉前景。

正准备签约时，忽听这位领导又颇为自豪地侃侃而谈道："我们企业拥有2000多名职工，去年共创利税700多万元，实力绝对雄厚……"

听到这儿，乔治暗暗地掐指指一算：700万元人民币折成美元是90余万元，2000多人一年才赚这么点儿钱？而且，这位领导居然还十分自豪和满意。这令乔治非常失望，离自己预定的利润目标差距太大了。如果让这位领导经营的话，是很难有较高的经济效益和利益的。于是决定立即终止合作谈判。

试想一下，假若那位领导不说最后那句沾沾自喜的话，谈判也许会以另一种结局而告终。那位领导最后那些不着边际更是画蛇添足的话，不仅暴露出他自身的弱点，而且令外商失去了合作的信心，最终撤回投资意向，的确是多余之至，应该引以为戒。

在生活中我们经常看到，有的人习惯于喋喋不休、滔滔不绝地高谈阔论，而又词不达意，语无伦次，让人听而生厌；还有人喜欢夸大其词，侃侃而谈，说话不留余地，没有分寸，这样都容易造成画蛇添足的恶果。因此，我们"在开口之前，应先让舌头在嘴里转十个圈"。把多余的废话"转掉"，准备一些简单明了的话，一开口就往点子上说，千万不要东拉西扯，不知所云。

七、话语中肯，言之有物

古语讲"至诚足以感人"，如果一个人所说的话语中肯，怎么会不受听众的欢迎呢？

科罗拉多州煤铁公司的矿工为了要求改善待遇，进行了罢工，因为公司方面处置不善，这次罢工又演变成了流血的惨剧，劳资双方都各自走了极端。这次罢工，持续了两年之久，成为美国工业史上一次有名的大罢工。那时管理矿务的人，就是美国石油大王洛克菲勒的儿子。这位小洛克菲勒，最初使用高压手段，请出军队来镇压，闹成了流血惨剧，不仅没有解决问题，反而使罢工的时间更延长下去，使他的财产受到了更大的损失。后来，他改变方法，用了柔和的手段，把罢工的事情暂时置之不谈，特地去和工人为友，到各个工人的家中去慰问，使两方面的情感慢慢地转好起来。以后，他叫工人们组织代表团，以便和资方洽商和解。他看出了工人们已经对他稍稍释去了敌意，于是，便对罢工运动的代表们作了一次十分中肯的演说。这一次演说，竟把两年来的罢工风潮完全解决了。

他在那次演讲中说："在我有生之年，今天恐怕要算是一个最值得纪念的日子了。我十分荣幸，因为我能够和诸位认识，如果我们今天的聚会是在两个星期之前，那么，我站在这里就会是一个陌生人了，因为我对于诸位的面孔的认识还只是极少数。我有机会到南煤区的各个帐篷里去看了一遍，和诸位代表都作了一次私人的个别谈话；我看过了诸位的家庭，会见了诸位的妻儿老幼，大家对我都十分的客气，完全把我看作自己人一般。所以，今天我们在这里相见，我们已经不是陌生人而是朋友了。现在，我们不妨本着相互的友谊，共同来讨论一下我们大家的利益，这是使人感到十分高兴的。参加这个会的是厂方的职员和工人的代表，现在承蒙诸位的厚爱，我才能在这里和诸位相见并努力化除一切矛盾，彼此成为好友，这种伟大的友谊，我是终身不会忘记的。我们大家的事业和前途，从此更是无限的光明。在我个人，今天虽然是代表着公司方面的董事会，可是，我和诸位并不是站在对立的地位，我觉得我们大家都是有着密切的关系和友谊的。就我们彼此有关的生活问题，现在我很愿意提出来和大家讨论一下，让我们一起从长计议，获得一个双方都能兼顾到的圆满的解决办法，因为，这是对大家有利的事……"

小洛克菲勒的讲话，虽没有华丽的词藻，但话语中肯，引起了矿工广泛的共鸣，一下子使自己脱离了困境。说话除了话语中肯之外，还要言之有物，两者相辅相成，才能达到预期的效果。

《周易·家人》："君子以言有物，而行有恒。"人们在日常生活中都会遇到这样的情况，不管是听别人做讲座，领导做报告，还是和周围的人聊天，都会碰到言之无物、空洞乏味的时候，上面讲得很热闹，下面听众却觉得困顿乏味，嫌内容假大空，虚无飘渺，不知所云。听众最怕听到的演讲是言之无物，不知所云。

为什么会出现言之无物的情况呢？究其根本，问题在于谈话者、演讲者没有很好地理解自己的演讲内容。要解决这个问题其实并不困难，简单地说就是要充分地精心准备自己的演讲内容，在演讲、讲话之前比较透彻地理解问题。

有一天，林肯律师事务所来了一位行走蹒跚的老年寡妇，她是一位阵亡士兵的妻室。她向林肯泣诉，说她应该领取的四百元的抚恤金，被一位发放抚恤金的官吏强索去二百元的手续费。林肯听了勃然大怒，立刻为她向法庭提起了诉讼。

开庭的时候，林肯用愤怒的目光看着被告，他所说的话，差不多每个字都是十分的中肯且言之有物，那种严正的态度、热烈的情感，感染了在场的每一个人："时间一直向前迈进，而在1776年的英雄，已经成为过去了，他们是被安置在另一个世界中了。但是，那位英雄已经长眠地下，他的年老衰颓而且又跛的遗孀，此刻来到我们的面前，请求替她申冤。在过去，她也是体态轻盈、声音曼妙的美丽的少女，现在她贫无所依了，没有办法，只好来向享受革命先烈所争取到自由的法官们，请求给予同情的帮助和人道的保护。我现在所要问的是，我们是不是应该援助她？"

当林肯这样一段有理有据，情感真挚的演讲结束后，在场的很多人都流下了眼泪，大家一致认为那位老妇人的抚恤金是分文不能少给的。法庭最后分文不少地追回了士兵遗孀的抚恤金，严肃审判了那个官吏。

第二章　摆脱当众讲话的恐惧

作为一个青少年，你觉得自己在日常社交中是一个勇敢自信的人吗？下面是一组测试你与人沟通情况的试题，做做看，你是属于哪一类型的。下面问题，是的就画"○"。

（1）在街上如果有外国人向你问路，你会告诉他。
（2）朋友三人聚在一起时，就会说说别人的闲话。
（3）一天内至少会有一位朋友打电话来。
（4）在大家面前说话，面不改色。
（5）一个月订三本以上的杂志。
（6）看电视会又哭又笑。
（7）可以一下说出本周流行歌曲的前10首。
（8）不论男女都可以一视同仁地交往。
（9）为了朋友可以逃学。
（10）崇拜新闻主播。

解析：

3个"○"以内：你不善言词，朋友无法与你长谈，别人会觉得你很无趣。

4个至7个"○"：你永远有说不完的话，是标准的爱讲话型。你说话的内容丰富，让人很愉快，因此你的朋友很多。

8个以上"○"：你对流行很敏感，跟任何人都可以谈得很愉快。从现在开始，对你来说，重要的课题就是要培养自己的品位，大家很注意你哦，加油！

一、了解说话时的心理类型

人们当众说话水平的高低与心理类型不同有关，心理类型主要有以下几种：

1. 冲动型

冲动是指不顾后果，率性而为，情感强烈，缺乏理性的心理状态。这种类型的人，情绪往往处于高度兴奋状态，好似打开的煤气灶，一遇火星就会燃烧起来。其表现是遇事不够冷静，易动肝火，急于表态，喜说好讲，轻易决策。所发言辞大都脱口而出，不求周密，不讲策略，不计后果。要么叽喳得听者受窘而无法与其沟通交流；要么将自己全都暴露给听者；要么惹恼甚至激怒听者，使听者愤而对其反击。

但是，这种人心底坦荡，没遮没拦。就像竹筒里的豆子，啪啦一下倒出，倒完了，他就没事一般，转趋平静，往往也不存在怯场现象，兴致所至，常常滔滔不绝。

梁山好汉中多有此类型的人，如鲁智深、李逵、阮小七等。李逵与燕青外出，投宿一庄院，听庄主太公说宋江抢了他女儿，当即对燕青大叫道："小乙哥，你来听这老儿说的话，俺哥哥原来口是心非，不是好人了也！"燕青劝他："大哥莫要造次，定没其事！"李逵说："他在东京兀自去李师家里，到这里怕不做出来。"然后不顾劝阻，一口气奔回梁山，砍倒"替天行道"的杏黄旗，指着宋江大骂："我平常把你做好汉，你原来却是畜生！你做得这等好事！"待后来事实弄清，原来是一强盗假冒宋江之名，他才醒悟认错。他的这种心理素质不仅不影响他在读者心中的地位，反而使人们更加认识了他的憨厚、坦荡，愈发可爱。但在当众讲话时，此类型的人需控制自己的情绪，三思而后行，以免不仅达不到表达的效果，还惹来不必要的麻烦。

2. 理智型

理性是一种从理智上控制行为的能力表现。这种人情感内敛，不轻易表达，并善于控制情感。遇事不急不躁，冷静处理；不轻易作出肯定或否定的表态；言辞常常深思熟虑之后才出口，较为周密、策略。这种言辞听者易于接受，即使不能接受，也不致产生很大抵触。但是，这种人在需要当机立断的紧急关头，有时也会误事。有些机会是稍纵即逝的，机不可失，失不再来，等你深思熟虑下来，为时晚矣。并且，过于理性，会让人觉得虚伪、城府很深，没法获得听众心理上的认同。

对说话者来说，理性型心理是优于冲动型心理的。只要在紧急关头能够显出果断的气魄，恰当表达自己的内心情感，便会受听者欢迎，于当众讲话是很有利的。

3. 优势型

优势型是指讲话者凭借其在职位、能力等方面的优势条件在当众讲话过程中居于高位。如自己是领导、专家、教授、名人，而听众只是普普通通的人；或者自己是大国、强大集团的代表，而对方代表的是小国、弱小组织。

这种人当众讲话时往往会发表一些非同寻常的居高性言辞，或有意，或无意。如果是有意，他会高标自置，旁若无人；如果是无意，但由于其身份特殊，在听者听来，也会产生一种由上而下的压力。这在单向交流中，听者无从与之理会，只得任你去说。如系双向交谈，对方虽有应答之责，但会显得拘谨。在一定程度上会影响双方沟通交流的效果。

居高型的人有两种不同表现：一种是唯我独尊、自负固执，我怎么说，你就怎么听。另一种是敷衍塞责、不痛不痒，你听也可，不听也可。

对当众讲话者来说，优势型的心理类型是要不得的，如不将自己摆在与听众平等的位置，或提高个人素质，加强自我修养，于当众讲话是百害而无一利的。

4. 综合型

这是一种既没有无谓冲动，又不着意抑制，居高而不自傲，位低而不自卑的综合性心理状态。其言辞不卑不亢，不偏不倚，让人听来如沐春风，如饮甘霖。

这种心理状态的人当众讲话时是必然受到听众欢迎的。即使在某种场合，某个时间会让人不快，暂时影响交际效果，但时间一久，那不快的人大多会醒悟，自然会觉得还是这种人好。

为我国科学事业献身的中科院沈阳自动化所所长、"中国机器人之父"蒋新松院士，就是这种心理状态的典型。他逝世后，《人民日报》和《中国科学报》记者作了这样的报道：作为上级，他会与你平等相待，友好合作。他的老同事说："新松作风民主，绝不独断专行。有不同意见争论时，你甚至可以跟他拍桌子，摔帽子，外人这时搞不清谁是领导；但雨过天晴，他从不记恨别人。如果你坚持你的正确意见，他倒很欣赏你的坚持。"

作为下级，他敢讲真话，敢作敢为。一个863项目要调整，但领导同志犹豫不决。蒋新松会上批评说："在这个问题上，你朱主任应该负责。"时任国家科委常务副主任的朱丽兰教授，今日谈及此事仍十分感叹："蒋新松是科技帅才，有时我和他也争论。我觉得他这个人很有人格魅力，坦诚直言。一定程度上他帮我下了决心，我非常感谢他。我觉得每次跟他相谈都很有启发，在争的过程中，就得出结论了。"

二、沉着处理冷场的情况

冷场分为两种情况：一种是单向交流中，听的人毫无兴趣，注意力分散；另一种是双向交流中，听者毫无反应，或者仅以"嗯""噢"之类应付。

冷场的根本原因在于发言者的话没有吸引力。听者仅仅出于纪律的约束或处世的礼貌而扮演一个"接受"的角色。因此冷场完全应由说话人负责。

冷场的出现，是发言者的失败，因为它不能达到彼此沟通交流的目的。发言者既要发言，就必须实施控制，避免冷场的发生。

1. 发言简短

单向交流中那种应景式讲话，越短越好。如华达商场举行开业仪式，邀请了市内各方面的人士参加。总经理只说了两句话："女士们，先生们：热忱欢迎各位光临！现在我宣布：华达商场正式开业！"

双向交流中，任何一方都不要滔滔不绝，要有意识地给对方留下发言的时间和机会。自己一轮讲不完，应待对方有所反应后再讲，不要一轮就讲得很长。

2. 变换话题

当众讲话时遭遇冷场可通过暂时变换话题的办法吸引听众的注意力。目的达到后，仍要回到原有话题的轨道。比如，教师在讲课过程中发现学生精力分散、东张西望、打瞌睡、窃窃私语、在桌上乱画，可以暂停讲授，穿插几句应景、时髦、诙谐的话；或者简短地讲个与教学多少相关的典故、趣闻，学生的精力便会很快集中起来。之后，再继续教学。

双向交流的话题变换是不定的，根据现场情况随时进行。比如，你与别人谈今日凌晨看的一场世界杯足球赛电视直播，可别人并不喜欢足球，也没有在半夜里爬起来观看，对你所议显得毫无兴趣，出现冷场。这时，你就应及时转移话题。

3. 中止交谈

任何发言者都不愿碰到冷场。但若这种情况出现后，自己又采取了诸如简短发言、变换话题、加强语气等控制手段，仍然不能扭转冷场的局面，那就应中止交谈。长时间的冷场对交流双方都是残忍且浪费时间的。比如，你同他谈足球他无兴趣后，变换话题他仍无兴趣，就不可再谈下去。这叫作"话不投机半句多"。

另外还有一种在说话时常出现的情况就是搅场。搅场就是恶意破坏现场秩序，使发言者不停被打断，甚至被迫终止。这种情况主要出现在单向交流中。如上课、作报告、大会发言、演讲等场合，听众开小会、串座位、随意进出、喧哗、嘲笑、喝倒彩、吹口哨、瞎鼓掌。

搅场出现的原因有三种：一是听者本就对发言者有成见，是反对派。之所以来听，就是想来钻空子、找岔子，不管你怎么说，他都要搅。二是发言者思想、学术、业务等水平不高，听者觉得言之无物，听下去纯粹是浪费时间。三是听者对讲话内容不感兴趣。

作为发言人，对搅场的出现只能自己去控制。那种依靠与听者有利害关系的他人出面干预、压制，或者自己愤而退场之举，都不是最终解决问题的办法。那样做，产生的负面效果可能会更差。因此，发言者必须正视搅场，主动实施控制。

控制搅场的办法要区分不同原因。

对第一种原因的搅场：坚定信心、置若罔闻。

林肯第一次竞选美国总统，在纽约库钥学会作演讲。他到纽约时，当地报纸已发表了许多攻击他的文章。在他登台时，还未开口，台下便掀起一片嘲笑起哄声浪。演讲开始不久，台下已十分混乱，一些共和党人高声叫嚷要他滚下台去。但林肯全然不为所动，十分镇静地按事先准备的讲下去。渐渐地，会场安静下来，除了林肯的声音，只有煤气灯的燃烧声，听众都听得入迷了。第二天，报纸又纷纷发表了赞扬林肯演讲异常成功的文章。

对第二种原因的搅场：谦虚谨慎，自剖自责。

有一年菲律宾大选，竞选者科·阿基诺夫人曾被人指责为什么也不懂的家庭主妇。她上台发表竞选演说，不少人以这种眼光看待她。反对派则公开叫嚷说她只配围着锅台转，要她回去烧饭菜。她一开口便说："我只是一个家庭主妇，对政治和经济都不甚了解，也没有经验。"这诚恳、真挚的大实话使听众一下静了下来。接着她又说："对于政治，我虽然外行，但作为围着锅台转的家庭主妇，我精通日常经济！"听众旋即爆发出热烈的欢呼。

对第三种原因的搅场：幽默风趣，生动活泼。

某厂宣传部长按厂的宣传工作计划，到一分厂宣传时事政策。分厂一些工人正为下岗问题忧虑，但在这节骨眼儿上又不敢不来听。当分厂厂长讲了部长要宣讲的时事政策内容后，台下一下炸开了锅，吵吵嚷嚷，不可开交。部长扯开喉咙大喊道："报告大家一个好消息。"台下顿时静了下来。部长故意停了一下才说："我爱人下岗了！"台下先是一愣，随即响起一片热烈的掌声。接着部长就从自己爱人如何主动要求下岗讲起，将夫妻的对话、儿女反对的言辞惟妙惟肖地描述了一番。待听众情绪完全调动起来后，才简要讲了讲为什么要下岗、当前下岗的形势等问题。事后，大家都说部长真会讲话。

三、自信是口才训练成功的基石

有人曾作过调查，想搞清楚人们进行口才训练的原因和内心愿望是什么，调查的结果惊人的一致。大多数人的内心愿望与原因基本是一样的，他们是这样回答的："当人们要我站起来讲话时，我觉得很不自在，很害怕，使我不能清晰地思考，不能集中精力，不知道自己要说的是什么。所以我的最大愿望就是可以在公众面前自信、泰然地发表自己的观点，且逻辑清晰，内涵丰富，让人折服。"

有强烈自信心的人，一般来说都是能言善辩的人；能言善辩的人，一般来说又都具有强烈的自信心。

自信可以促进说话能力的提高；说话能力的提高又可以进一步增强自信，两者是互为作用的。

自信，是提高说话能力的推动力，是事业成功最重要的力量；说话是自信能力的外在表现，是提高自信最有效的方法之一。

林肯说："不论人们如何仇视我，只要他们肯给我一个略说几句的机会，我就可以把他们说服。"这是何等自信！

我们不妨从别人的经验开始我们的信心训练。

卡耐基是一位享誉全球的当众讲话训练大师，在他的一生中所收到的感谢信可以堆积如山。他的学生各行各业、三教九流都有。所有这些人都感到需要自信，需要在公开场合中表达自己的能力，好让别人接纳自己的意见。他们在达到目的之后，就满怀感激地抽空给卡耐基写信，以表示谢意。

看一下这一个个成功的范例，或许可以让我们从感性上认识到获得出色的当众讲话能力并非什么很难的事情，他们的经验可以让我们"从战略上藐视敌人"！

有一位叫彼得森的医生，是位热心的棒球迷，经常去看球员们练球。不久，他就和球员成为好朋友，并被邀请参加一次为球队举行的宴会。

在侍者送上咖啡与糖果之后，有几位著名的宾客被请上台"说几句话"。突然之间，在事先没有通知的情况下，宴会主持人突然宣布说："今晚有一位医学界的朋友在座，我特别邀请彼得森大夫上来跟我们谈谈棒球队员的健康问题。"

作为一位已从医 30 余年，有丰富卫生保健知识的人，按说对这类问题是小菜一碟。他可以坐在椅子里向坐在两旁的人侃侃谈论这个问题一整晚。但是，要他当众，即使面对很少的人讲这个问题，那却是另一回事了。他不知所措，心跳加速，他一生中从未作过演讲，而他脑海中记忆的内容，现在全飞到爪哇国去了。

结果呢？宴会上的人全在鼓掌，大家都望着他，他摇摇头，表示谢绝。但他这样做反而引来了更热烈的掌声，纷纷要求他上台演讲。"彼得森大夫！请讲！请讲！"的呼声愈来愈大，也更坚决。

他的心情非常矛盾，他知道，如果他站起来演讲一定会失败，他将无法讲出完整的五六个句子。因此，他站起身来，一句话也没说，转身背对着他的朋友，默默地走了出去。

他不愿再度陷入脸红及哑口无言的困境了，他开始进行当众讲话训练。他有极为迫切的需要。他希望拥有演讲的能力，他锲而不舍地练习自己当众讲话的口才。通过努力练习，进步简直是一日千里，刚开始他紧张的情绪消失了，信心愈来愈强。两个月后，甚至开始接受邀请，前往各地演讲。他现在很喜欢演讲的感觉及那份成就感以及所获得的荣誉，更为从演讲中结交到更多的朋友而高兴。

一次，一个公司的董事长找到卡耐基。他对卡耐基说："我这一生每逢要说话时都很紧张。身为董事长不能不主持开会。董事们个个都已熟悉多年，大家隔桌而坐时，我同他们对答如流，一点困难也没有，然而一旦起身说话，我竟然一个字也说不出。这种情形已有多年。我不奢求你的训练有帮助，这个毛病已经根深蒂固了。"卡耐基说："你既然认为我帮不上你的忙，干嘛还要找我？""只为了一个原因，"他答道，"我有一个下属以前内向老实，每次见我都眼观地面，很少说话，但最近每次进办公室时，他都显得神采奕奕，信心十足，头颅高昂，还主动和我打招呼，甚至有一次开会时竟然当众作了10分钟发言，我惊讶于他的变化，后来才知是因为他参加了当众讲话的训练。"

卡耐基告诉他，定期来上课，并照课程的要求做，不出几星期，就会喜欢在听众面前讲话了。

这位董事长果然来参加课程，并且进步神速。3个月后，卡耐基邀请他参加阿斯特饭店舞厅里的3000人聚会，并谈谈自己在训练中所获得的收益。为了以自己的故事激励更多的人消除讲话的恐惧，他推掉了自己的约会，如约在聚会上发言，卡耐基说让他讲两分钟就行，结果对着3000人，他足足说了10多分钟。

类似的奇迹还有很多，许多人因此而改变了自己的命运。其中，有好多人在自己的岗位上获得了远远超过自己所希望的提升，在商业上、事业上和社会上达到显赫的地位。也因为如此，我们可以肯定地说，在正确的时刻，一场演说就足以使你大功告成。因为在这样一场演说中，人们可以以别人的经验为梯，摘取当众讲话的信心、勇气和技巧。

四、热情是口才训练的重要因素

要想获得自信心、勇气以及能力，以便在向人们发表谈话的同时能够冷静而清晰地思考，并不像大多数人所想象的那般困难。就像你完美地完成其他事业一样，任何人只要对它充满火山熔岩般的热情，并肆意释放出其潜在的能力，就定能成功。

你一定要具有果敢的决心，并把这种决心转化为一个单词，一段讲话，一步行动，倾尽全身心地训练培养。

有位商界的传奇人物，在大学时代，他初次起立讲话时，因言辞不足而失败，老师指定的五分钟讲演，他讲不到一分钟，便脸色发白，匆匆下台。

但他坚强地承受了那次失败。他立下决心要做位优秀的演说家，片刻不懈，最后终于成为政府的经济顾问，令人瞩目，他就是蓝道尔。谈到当众讲话时他说："我的讲演排得满满的，现身的场合有厂商协会的午、晚餐会，还有商务部、扶轮社、基金筹募会、校友会等。我曾经在密歇根州的艾斯肯那巴发表爱国演说，于慷慨激昂中投身一次世界大战；我曾与米基·龙尼下乡做慈善讲演；与哈佛大学校长柯南和芝加哥大学校长胡钦斯下乡宣导教育；我甚至曾以极简洁的法语做过一场餐后演说。"我想我了解听众要听的是什么，以及他们希望它被怎样地讲出来，对于堪当事业重任的人而言，这其中的窍门是：只要他愿意去学，没有什么学不会的。"

蓝道尔的经历说明，在努力成为有效的沟通者的过程中，成功的意志是成败的关键所在。坚强的意志和明朗的思想决定了在当众讲话技巧上的进步会有多快。因此，要想成功，必须具备的条件就是：用毅力来磨平高山，以及相信自己一定会成功。

五、青少年口才训练秘籍

青少年朋友，随着一天天长大，你有没有发现？你待在爸爸妈妈、爷爷奶奶身边的时间越来越短，而更多时间你会选择与同伴一起交流、活动，结交兴趣爱好相投的同学为知心朋友。你们无话不谈，形影不离，慢慢地，你开始视友谊为至高无上，甚至愿意为朋友两肋插刀也在所不惜。这些举止往往令家长很难理解，但这恰恰又是我们进入青春期最典型的心理断乳表现。

随着我们认识的人越来越多，我们也就会更多地与身边的人交流，可是，现在有个问题很重要，那就是，你在和不同类型的人交流时，你会说话吗？你会和他们交流吗？或许，你会不屑一顾地说，这样的提问是不是太幼稚了！但实际上，这里所说的"说话"，并不像你想的那样简单。因为这里所指的"说话"，是要把话说得恰到好处，说到别人的心里去，那么，你有这种本事吗？这种本事其实就是"口才"！

一个人，不管生性多么聪颖，接受过多么高深的教育、穿着多么漂亮的衣服、拥有多么雄厚的资产，如果无法流畅、恰当地表达自己的思想，就仍然无法真正实现自己的价值。拥有好口才，就拥有了一种立足社会的能力。很多伟人与名人为我们训练口才树立了光辉的榜样，我们青少年要想练就一副过硬的口才，也必须像他们那样，一丝不苟，刻苦训练，正如华罗庚在总结练"口才"的体会时说的："勤能补拙是良训，一分辛苦一分才。"

这里，专门为你推荐几种练习口才的适用方法，我们一起来学习一下吧！

1. 速读法

这里的"读"指的是朗读，是用嘴去读，而不是用眼睛去看，顾名思义，"速读"也就是快速地朗读。这种训练方法的目的，是锻炼我们口齿伶俐，语音准确，吐字清晰。

2. 背诵法

相信我们每个人，都有背诵课文的经历。这些课文或是诗歌，或是散文，或是小说。我们背诵它们的目的也各有不同。有的是因为老师要求必须背诵而不得不背；也有的是为了记忆某名诗、名句，以此来丰富自己的文学素养。而这里提倡的背诵，主要的目的是锻炼我们的口才。

我们要求的背诵，并不仅仅要求你把某篇演讲词、散文背下来就算完成了任务，我们要求的背诵，一是要"背"，二是要"诵"。所谓"诵"就是读出声音来，这种训练的目的有两个：一是培养记忆能力，二是培养口头表达能力。

3. 练声法

练声也就是练声音，练嗓子。平时，我们都喜欢听那些饱满圆润、悦耳动听的声音，而不愿听干瘪无力、沙哑干涩的声音。所以锻炼出一副好嗓子，练就一腔悦耳动听的声音，是我们良好口才的另一个必做的事情。

练声的方法分为练气、练口腔和练习吐字三个步骤。

第一步，练气。俗话说练声先练气，气息是我们身体发声的动力，就像汽车上的发动机一样，它是发声的基础。气息的大小对发声有着直接的关系。气不足，声音无力，用力过猛，又有损声带。所以我们练声，首先要学会用气。

吸气：吸气要深，小腹收缩，整个胸部要撑开，尽量把更多的气吸进去。我们可以体会一下，当自己闻到一股香味时是怎样的吸气方法。不过，这里还需要注意的是，我们在吸气时不要提肩。

呼气：呼气时要慢慢地进行。要让气慢慢地呼出。因为我们在演讲、朗诵、论辩时，有时需要较长的气息，那么只有呼气慢而长，才能达到这个目的。练习呼气时，我们可以把两齿基本合上。留一条小缝让气息慢慢地通过。

为了这项练习，我们还应多做一些下面的练习：

第一，深吸一口气。数数，看能数多少。

第二，跑20米左右，然后朗读一段课文，尽量避免喘气声。

第三，按字正腔圆的要求读成语：英雄好汉→兵强马壮→争先恐后→光明磊落→深谋远虑→果实累累→五彩缤纷→心明眼亮→海市蜃楼→优柔寡断→源远流长→山清水秀。

体态：用嗓气息训练时，标准姿态是要求保持肩平颈正，双手位置可提在胸腹间或自然垂直两侧，全身放松。

第二步，练口腔。也就是在练发声以前先要做一些准备工作。先放松声带，用一些轻缓的气流振动它，让声带有点准备，发一些轻慢的声音，千万不要张口就大喊大叫，否则会对声带起破坏作用。这就像我们在做激烈运动之前，要做些准备动作一样，否则就容易使肌肉拉伤。

声带活动开了，我们还要在口腔上做一些准备活动。我们知道口腔是人的一个重要共鸣器，声音的洪亮、圆润与否与口腔有着直接的关系，所以不要小看了口腔的作用。

第三步，练习吐字。吐字似乎离发声远了些，其实两者是息息相关的。只有发音准确无误、清晰、圆润，吐字才能字正腔圆。

可以先从绕口令开始，主要是为了帮助大家训练口齿灵活、语音准确、吐字流畅、字正腔圆、助于表达。训练时，一定要按照正确的发音部位和发音方法练。一方面要注意纠正自己的发声缺点、弱点、毛病；另一方面还要利用和发挥自己的长处，扬长避短。这里推荐一个绕口令。

八百标兵奔北坡，炮兵并排北边跑；炮兵怕把标兵碰，标兵怕碰炮兵炮。

绕口令练起来有些绕口、难发音，但它却是学说好普通话必不可少的练习材料，通过绕口令的练习不仅可以加强咬字器官的力度，提高咬字器官的灵活度，同时也可以有效地锻炼呼吸的控制能力。

练习时，最初应特别注意字音质量，要把音发准，劲使稳，打开韵腹，利索收音，做到吐字准确、清晰、圆润。然后由慢到快，逐渐加速，可按音、字、词、句、段五步练习法循序渐进。我们知道，绕口令练习并非只是耍嘴皮子，而是既练"嘴劲"，又要练"心劲"，不能一味求快。

在训练中，我们还要注意结合气息控制练习。在开口前要注意放松喉部、气息下沉。"运行"当中要补气自如，轻松流畅，字音速度由慢渐快，要做到慢而不断，快而不乱，最后还要注意做到内容清楚、感情充沛。因为气是发声的动力，气息调整不好，字的"运行"就会发生故障，声音的质量也就无法保证。

第三章 把握说话的主动权

在社会交际中，你善于与别人打交道并掌握主动权吗？下面我们就一起来做一个相关的测试吧！

回答下面的问题只需在"（　）"内填"是"或"否"，再对照计分方法计算得分，对照解析，就可以知道你的社交能力了！

（1）你是否经常努力与自己并不喜欢的人打交道？（　）

（2）你是否宁愿去热闹、嘈杂的地方度假，而不愿去安静的地方？（　）

（3）你欣赏强劲的迪斯科舞和嘈杂的俱乐部吗？（　）

（4）你外出度假或游玩时，是不是很容易与别人交朋友？（　）

（5）一旦朋友不请自到，你是否很乐意招待他们？（　）

（6）在列车上，你是否会首先与别人交谈？（　）

（7）你喜欢组织派对和晚会吗？（　）

（8）你是否有许多朋友？（　）

（9）如果你在家里，你喜欢热闹还是喜欢宁静地度过夜晚？（　）

（10）在聚会时，你愿意与他人一起做游戏吗？（　）

（11）你叫得出大多数邻居的名字来吗？（　）

（12）当你和他人一起做游戏时，你主要目的是参与而不是获胜，是吗？（　）

（13）你喜欢与人而不是与机器打交道，是吗？（　）

（14）你愿意帮助他人吗？（　）

（15）你在外面用餐时，当侍者送上一盘你不喜欢的菜时，你会吃下它吗？（　）

（16）你是否会对自己不喜欢的人发贺年卡？（　）

（17）你是否被别人誉为"聚会的核心人物"？（　）

（18）你喜欢结识新朋友吗？（　）

（19）当你走进一个房间，屋内的人你几乎都不认识，这时你是否感到自然？（　）

（20）你喜欢和小孩子们在一起吗？（　）

一、主动引发一场谈话

在与人交谈时，有些人常常挖空心思去想一些很有水平的话，以显露自己的本事。但是，你没有顾及到对方，对方在你的这种示强形势下会怎样呢？他当然是不甘示弱，也会比你更加努力地找一些更加有水平的话。他找出了之后，你又怎么办呢？是不是又要搜索枯肠去寻找很有水平的话呢？这样循环往复，你俩就不是在交谈，而是在斗智。

实际上，要进行一次谈话并不是困难的事。陌生人之间一些简短的寒暄就能引发谈话。每个人都可能流于平俗，都可能涉入到那简短的谈话，只谈论一些既缺乏机智又毫无意义的事情。然而这种短暂的交谈对于正式交谈的顺利启动却是必要的。

引发谈话的目的是必须让对方说话，而切忌将谈话引入死胡同。如不能说诸如"今天天气真好！"之类的话，而应该问对方："干什么工作？""是哪里人？"这样对方必须回答干什么工作，是哪里人，而不会用"是"或"不是"将你打发。

在开始谈话时，要准备经过一个"预热"的阶段。没头没脑地就开始一次意味深长的交谈是不明智的，不要期望一开始就像老朋友见面一样。

短暂的交谈不仅能为你引发一次谈话，而且可以用来为进一步的交谈预热，引导对方为进一步的交谈作好充分的准备。然后在这种交谈中观察别人的兴趣。这正如点篝火，不必期望用一个火把开始，只需有一根小火柴就行了。只要方法得当，这一根小火柴就能让篝火熊熊燃烧……

但要特别注意的是，在交谈的过程中也不要太掉以轻心，成为一位说话高手的艺术并不过多地依赖于你有多么聪明，或者你的经历有多么曲折，而在于善于启发、诱导别人讲话。要想成为出色的说话高手，就一定要避免在谈话中出现以自我为中心的现象。人们往往从始至终只对他们自己，他们的工作，他们的家庭感兴趣。其实，像"你是做什么工作的"这样一个简单的问题向他人传达了你对他感兴趣的信号，结果必然会使别人也对你感兴趣。

在提出这个简单的问题之前，你只需要在心里给自己提一个问题"通过交谈我究竟想得到些什么？"是想表现和炫耀自己呢？还是想与别人做成交易，让别人在议定书上签字，并得到他的准许和友善呢？很多人在与人谈话时容易犯的错误就是谈自己感兴趣的事，而不去谈别人感兴趣的事。你谈自己感兴趣的事，虽然自己兴高采烈，但别人却不一定会高兴，那你要求别人办事、请别人帮忙，以及你谈话的目的又怎能达到呢？

二、寻找话题的技巧

有人说："交谈中要学会没话找话的本领"所谓"找话"就是"找话题"，找交谈的切入点。就像写文章一样，有了一个好题目，往往会文思泉涌，一挥而就。同样，双方交谈，有了一个好的话题就能使谈话融洽自如。好话题，是初步交谈的媒介，深入细谈的基础，纵情畅谈的开端。好话题的标准是：至少双方对话题比较熟悉，能谈；大家感兴趣，爱谈；有展开探讨的余地，好谈。

那么，怎样去挖掘一个好话题呢？

1. 找准兴奋中心

当跟众多的人在一起谈话时，要选择众人都感兴趣的事件为话题，激发起大家交谈的欲望。因为这类话题是大家想谈、爱谈又能谈的。人人都有话题，都能发表自己的观点和看法，自然就能使话题进行下去，以至引起许多人的议论和发言，进而产生共鸣。

2. 就地取材

巧妙地借用彼时、彼地、彼人的某些材料为题，借此引发交谈。有人善于借助对方的姓名、籍贯、年龄、服饰、居室等，即兴引出话题，常常能取得好的效果。

"即兴引入"法的优点是灵活自然，就地取材，但关键是要思维敏捷，能迅速做出由此及彼的联想。

3. 试探询问

与陌生人交谈，先提一些"投石"式的问题，在对对方的年龄、职业、性格、兴趣等略有了解后再进行有目的的深入交谈，便能谈得更为自如。就好像"投石问路"一样，如在聚会时见到陌生的邻座，便可先"投石"询问："你和主人是同事还是同学？"无论问话的前半句对，还是后半句对，都可就此展开话题；如果问得都不对，对方回答说是"老乡"，那也找到了可继续谈下去的话题。

4. 循趣入题

试探出陌生人的兴趣，由兴趣起始，能顺利引发出话题。如对方喜欢看电影，便以此为话题，谈电影的优劣，讨论故事的情节等。如果你也喜欢看电影，那你们就找到了共同的兴趣，可顺利进入话题；如果平常不怎么看电影，那也正是个学习机会，可静心倾听，适时提问，借此大开眼界。

引发话题的方法很多，诸如"借事生题法""即景出题法""由情入题法"等。可巧妙地从某事、某景、某种情感，引发出一番议论。引发话题，类似"抽线头""插路标"的做法，重点在引，目的在导，使对方有话可说，诱发对方谈话的兴趣。

5. 一见如故

与人交谈时，还要在缩短彼此的距离上下功夫，力求在短时间内了解得更多一些，缩短彼此认识上的距离，力求在感情上融洽起来。只有志同道合了，才能谈得投机。"一见如故"这个成语说的也就是这个意思。与陌生人要做到能谈得投机，就必须在"故"字上做文章，变"生"为"故"，这也有不少方法。

（1）适时切入。看准情势，不要放过应当说话的机会，适时插入交谈，适时地"自我表现"能让对方充分了解自己。

交谈是双边活动，光了解对方，不让对方了解自己，同样难以深谈。陌生人如能从你"切入式"的谈话中获取教益，双方会更亲近。适时切入，能把你的知识主动有效地献给对方，实际上符合"互补"原则，奠定了"情投意合"的基础。

（2）巧找媒介。寻找自己与陌生人之间的媒介物，以此找出共同语言，缩短双方距离。如见一位陌生人正在看报纸，可从报纸上的一条新闻切入，与对方就这一话题展开讨论。对别人的一切表现出浓厚的兴趣，通过媒介引发他们表露自我，交谈也就能顺利进行。

（3）留有空间。留有谈话的空间以便让对方接口，使对方感到彼此之间的心是相通的，交谈是和谐的，进而缩短二人之间的心理距离。因此，和陌生人的交谈千万不要把话讲完全了，把自己的观点讲死，而应虚怀若谷，欢迎探讨，最好把作结论、归纳的机会留给对方。

6. 自作笑料

坦率地把自己的不足讲出来，不仅不会因此失去别人的敬重，还会引起别人的同情和爱怜。如能用开玩笑的形式讲出自己的不足，那就更能表现出你非同寻常的气度了。有位著名的主持人在大家的掌声中走上前台主持节目，在上台的路上不小心被地毯绊倒了，摔在地上。但她毫无慌张之色地爬起来，走到麦克风前说："真让我激动，我是为你们的热情而倾倒的。"于是，观众们给以她更加激烈的掌声。相反，如果你明知自己的不足之处，却还要想方设法地拼命掩饰、装腔作势，只想把自己当成一个真正的行家一般，结果只会使别人感到你的可笑。因此，在与人交谈的时候，能够大胆地同自己开个玩笑是很明智也很了不起的。同时，也能使谈话现场的气氛活跃起来，增加别人对你的好感。

三、正确控制怯场的方法

1. 信心十足地说出要点

所谓的"要点"，就是你与对方交谈所要实现的最终目的。为了使对方依赖你，对于完成你的要求或实现某一目标充满信心，所以你一定要信心十足地说出来。对于对方的行动要求，必须以乐观而坚定的语调，直率地强调出来。为了获得较好的交谈效果，在说话时，你一定不能畏缩而要信心十足。对于你真挚的陈述，对方一定会感动，并为此立即采取有效行动，从而完成你的要求和目标。

2. 使对方明白采取行动

不管你所阐述的是哪一种问题，你的目的就是要把问题的要点以及要求对方采取什么样的行动，简单扼要地表达出来，以便让对方容易理解，这样才能够让对方顺利展开行动。为了达到这个目的，最妥善的方法就是把关键部分具体地说出来。

如果在说话时，你能够具体地为对方提示事情的关键和问题的要点，那么你就要比其他人更容易和别人交谈，也更容易使对方感动。"发给客户的商业信函寄出去了吗？"比起漠然地对下属说"去把发给客户的商业信函打印出来"更有效。

到底以肯定的方式叙述要点好，还是以否定的方式叙述要点比较妥当？这一点是无关紧要的，只要你能把你提出的要求叙述清楚表达准确即可。但必须站在对方的立场上作出这一决定。

3. 具体而简短地叙述要点

当你要求对方做一些什么事情时，必须进行简明扼要的叙述，因为对方只会做他们明白理解的事情。他们既然要依照你的话采取行动，那么你就得准确而精练地把自己的意思表达出来。

四、引导对方说话的欲望

生活中的每个人都渴望友谊，希望拥有更多的朋友。但朋友都是由陌生人发展而来，有相当一部分朋友是萍水相逢时认识的。在风光绮丽的景区、在熙攘喧闹的汽车上或者在小型聚会上，凭一个会心的微笑、几句得体的幽默话、一个礼貌的动作等，都可以与他人相识。关键是得找出交往的契机，主动伸出友谊之手，打开对陌生人关闭着的心灵之门。然而不是所有的人都是善谈的，有的人比较沉默寡言，虽然有交谈的欲望，却不知从何谈起。这就需要其中的一方改变态度，率先向对方发出友好信号，激起对方的谈话欲望，达到交流的目的。

假若你的一个话题使对方产生了浓厚的兴趣，那么无论他是一个如何沉默的人，他都会发表一些言论的。因此在谈话的停滞之中，一定要想法寻找并且不断地激起对方的兴趣，使谈话能够一直持续下去。当你对做父母的人称赞他们的孩子，甚至表示你对那孩子感兴趣时，那么孩子的父母很快便会成为你的朋友了。给他们一个谈论其孩子的机会，则他们就会很自然而又无所顾忌地滔滔不绝了。

与陌生人见面，要善于倾听，主动地关心他人，还可以通过慷慨的给予帮助来激发他们的谈话欲望。

初次相见或不太熟悉时，没有谁愿意向有困难的陌生人施舍什么帮助，因为他们怕不清楚对方的底细帮出麻烦来。这种想法固然有一定的道理，但正是这"一定的道理"把自己结识别人的大好机会给赶跑了。善于交际的人是不会这么想的，他们认为与人方便自己也方便，只有放下顾虑、慷慨解囊，才能赢得别人的感激与好感——这恰是一座沟通感情的桥梁。

对于那些扭捏的人，交谈者应主动寻找话题，消除对方的紧张感。

朋友相交，重在交流。由陌生人到朋友，需要通过深入的交流才会相互了解。要达到深入交流的效果，就要在掌握交谈艺术的同时激发对方的谈话欲望，只有这样才能彼此加深了解，从陌生走向熟悉，进而成为朋友。

第四章　真诚是社交的第一扇门

一、真诚是最好的教养

青少年朋友，当谈到对人的印象时，我们往往喜欢用"这个人有教养"来表示好感，而用"这个人教养不够"或"没教养"来表示不喜欢的原因。由此可以看出，有没有教养常常成为我们评论一个人如何的第一印象。

青少年的教养是优雅气质的内在表现，是温尔文雅的内涵，是活泼可爱的基础。教养是一个人修养情操的综合反映，是文化水准高低的显现。良好的教养是魅力的源泉，是端庄秀丽的花蕾。

教养，大多表现在一个人日常的谈吐和举止上。言行之中，虽是无形的东西，却能支撑着一个人的行为，表现出综合的素养气质。良好的教养是顺利完成任务和融洽人际关系的催化剂和润滑油。

在生活中，人们喜欢同有教养的人相处，而对缺乏教养的人则投之以鄙夷的眼色，不论对方长得多么标致艳丽。为此，作为21世纪的青少年，我们要做一个有教养的人。

第一，有教养的人具有较高层次的清洁观和打扮美学。为此，在平时，我们穿衣戴帽要整洁大方，服饰同自己的身份、身材相符，要给人以一种和谐美。邋邋遢遢，使人看了不舒服；油头粉面，会给人以油滑轻浮的印象；化妆过浓，也会失去原有的灵气。

第二，有教养的人在出入公共场所和社交场合时，言行举止都合乎文明礼貌的规范，不会因事小而失礼仪。例如，人家谈兴正浓，讨论正热烈，如果我们不管三七二十一，硬插进去，打断别人的话，就失礼了。听别人讲话，二郎腿跷着，眼神不集中，毫无反应，也是不尊重人的表现。

到陌生的地方去，不要东张西望，更不要随便翻阅他人的东西。如果是女孩子，遇到不礼貌行为，不要以牙还牙。说话带脏字，往往会使人同丑恶联系起来。

第三，有教养的人信守诺言，遵守时间。我们应该不随意承诺，答应了的事一定要办到，自己没有把握的事情，即使碍于面子不宜当面回绝，话里也要留有可能办不到的意思。如果我们为了奉承他人，把明明办不到的事情包揽下来，会弄巧成拙，失去信任。

二、真诚能得到别人的信任

说话不是敲击铜铃，而是敲击人们的"心铃"。"心铃"是最精密的乐器。因此，智者总是用真挚的情感、竭诚的态度击响人们的"心铃"，刺激之、振奋之、感化之、慰藉之、激励之。

对真善美，热情讴歌；对假丑恶，无情鞭批。让喜怒哀乐，溢于言表；使黑白贬褒，泾渭分明。用自己的心去弹拨他人之心，用自己的灵魂去感染他人之灵魂，使听者闻其言，知其意，见其心。

谚语说："真诚贵于珠宝，信实乃人民之珍。"说话真诚的人，能得到别人的信任。

北宋词人晏殊素以说话真诚著称。他14岁时参加殿试，真宗出了一道题让他做。晏殊看过试题后说："我10天以前做过这个题目，草稿还在，请陛下另外出个题目吧。"真宗见晏殊这样真诚，感到他可信，便赐他"同进士出身"。晏殊在史馆任职期间，每逢假日，京城的大小官员常到外面吃喝玩乐。晏殊因为家贫，没有钱出去，只好在家里和兄弟们读书写文章。

有一天，真宗点名要晏殊担任辅佐太子的东宫官，许多大臣不解。真宗对此解释说："近来群臣经常游玩饮宴，只有晏殊和他的兄弟们闭门读书，如此自重谨慎，正是东宫合适的人选。"晏殊向真宗谢恩后说："我也是个喜欢游玩饮宴的人，只是家里穷而已，如果我有钱，也早就参与宴游了。"真宗听了，越发赞叹他的真诚，对他更加信任。

真诚，不论对说话者还是对听话者来说，都非常重要。若不真诚待人，等于欺人、愚人，若轻信他人不实之词，可能会耽误大事，造成不良后果。

三、寥寥数语，打动人心

说话，是一个传递信息的过程。因此，提高自己的说话自信心，增强自己的说话魅力，不全在于说话者本人能否准确、流畅地表达自己的思想，而且还在于你所表达的思想、信息能否为听众所接受并产生共鸣。也就是说，要把话说好，关键在于说的话能否拨动听者的心弦。

生活中，有的人或长篇大论或慷慨激昂，可就是打不起听者的精神；而有的人虽寥寥数语，却掷地有声，产生魔力。何故？因为后者了解人们的自尊心，能设身处地地站到对方的立场上，以对方的眼光来观察问题。因此，他们的谈话充满真诚，很能打动人心。

1952年，美国前总统尼克松曾在政治上出现严重的危机，当年他是年轻的参议员，艾森豪威尔将他作为竞选伙伴。当他为竞选奔忙时，《纽约时报》却抛出攻击他在竞选中秘密受贿的文章。新闻飞遍全国，顿时舆论哗然，压力越来越大。使他化险为夷的奇迹，是他做了一次震撼美国的演说。

尼克松被迫在全国公众发表半小时讲话。全国媒体将各种镜头、话筒都对准了尼克松。

当尼克松在电视屏幕上出现时，整个美国都安静下来了。他采取了一个罕见的行动，把自己的财务史全部公开，从自己的家产，一直谈到他的欠债。这样，尼克松首先得到了听众的同情。

紧接着，他详细说明自己的经济收入情况，连如何花掉每一分钱都告诉听众。他还告诉大家，"这次竞选提名之后，确实收到一件礼物，得克萨斯州有人送给我孩子的一只小狗。"

当他讲完时，到处都响彻欢呼声。有100万人打电话、电报或寄出信件，从邮局汇来的小额捐款达6万美元，全国听、看这次演讲的竟达6000万人。演讲使事实得以澄清，还得到了大批的同情者。

　　情深，则可以打动人心。尼克松的演说，就是以真诚和朴实赢得了大众之心。拳王阿里由于年轻时不善于言辞以致影响了他的知名度。有一次，阿里参赛时膝盖受伤，观众大失所望，对他的印象更加不佳了。当时他没有拖延时间，立即要求停止比赛。

　　阿里说："膝盖的伤还不至于到不能比赛的程度，但为了不影响观众看比赛的兴致，我请求停赛。"在这之前，阿里并不是一个很得人缘的人，却由于他对这件事的诚恳解释，使大家对他有了极佳的印象。他为了顾全大局而请求停赛的确是替观众着想，由此而深深地感动了大家。

　　以上几个例子足以说明只要说话者情真意切，话语充满真诚，就一定能打动听者的心。

第五章 倾听：做一个耐心的听众

一、乱插嘴的人令人讨厌

在社交场上,你时常可以看到一个朋友和另外一个不认识的人聊得起劲,此时,你可能就会有加进去的想法。

因为你不知道他们的话题是什么,而你突然加入,可能会令他们觉得不自然,也许因此话题接不下去。更糟的是,也许他们正在进行着一项重大的谈判,却由于你的加入使他们无法再集中精力而无意中失去了这笔交易;或许他们正在热烈讨论,苦苦思索解决一个难题,正当这个关键时刻,也许由于你的插话,会导致对他们有利的解决办法告吹,到后来场面气氛就会转为尴尬而无法收拾。此时,大家一定会觉得你没有礼貌,进而都厌恶你,导致社交失败。

假设一个人正讲得兴致勃勃时,你突然插嘴:"喂,这是你在昨天看到的事吧?"说话的那个人因为你打断他说话,绝对不会对你有好感,很可能其他人也不会对你有好感。

许多不懂礼貌的人总是在别人谈着某件事的时候,在说到高兴处时,冷不防半路杀进来,让别人猝不及防,不得不偃旗息鼓。这种人不会预先告诉你,说他要插话了。他插话时有时会不管你说的是什么,而将话题转移到自己感兴趣的方面去,有时是把你的结论代为说出,以此得意扬扬地炫耀自己的口才。无论是哪种情况,都会让说话的人顿生厌恶之感,因为随便打断别人说话的人根本就不知道尊重别人。

培根曾说:"打断别人,乱插嘴的人,甚至比发言者更令人讨厌。"打断别人说话是一种最无礼的行为。

有一个老板正与几个客户谈生意,谈得差不多的时候,老板的一位朋友来了。这位朋友插进来了,说:"哇,我刚才在大街上看了一个大热闹……"接着就说开了。老板示意他不要说,而他却说得津津有味。客户见谈生意的话题被打乱,就对老板说:"你先跟你的朋友谈吧,我们改天再来。"客户说完就走了。

老板的这位朋友乱插话,搅了老板的一笔大生意,让老板很是恼火。随便打断别人说话或中途插话,是有失礼貌的行为,但有些人却存在着这样的陋习,结果往往在不经意之间就破坏了自己的人际关系。

每个人都会有情不自禁地想表达自己想法的愿望,但如果不去了解别人的感受,不分场合与时机,就去打断别人说话或抢接别人的话头,这样会扰乱别人的思路,引起对方的不快,有时甚至会产生误会。

要获得好人缘,要想让别人喜欢你,接纳你,就必须根除随便打断别人说话的陋习,在别人说话时千万不要插嘴,并做到:不要用不相关的话题打断别人说话;不要用无意义的评论打乱别人说话;不要抢着替别人说话;不要急于帮助别人讲完事情;不要为争论鸡毛蒜皮的事情而打断别人的话题。

二、打断别人易引起抵触情绪

他人的自我意识好像一个卫兵,站在他的潜意识的入口,如果你唤起了他的自我意识或激起了他反感的话,他绝不会接受你的意见。因此,想说服对方时,先不要打断他,让他陈述他的意见和理由,即使你无法同意和接纳,也不要打断对方,尤其是提出正面反对意见时,更应先听对方的意见。等听完后再开始说"你说得很有道理,但是……"等反对理由。

心理学家提出一个概念——心理定势:若一个人心里有事,他就会启动其心理定势准备讲话,直到他把事情全部说完,他的心理定势才会转而听你的意见。所以,假如你想让自己的意见被对方听进去,达到说服他的目的,首先必须学会听对方讲话。这么一来,对方会有一种你很注意听他说话的感觉,认为你尊重他的意见,进而产生想和你说话的心理。这时,对方已经对你有了好感,会不知不觉朝被说服的方向去思考问题。这一点是在说服对方时相当重要的一项心理战术。

如果你不听对方的意见就直接提出反论,那么,势必引起对方在感情上的反驳,当然也就无法引起听你说话的欲望,这样做是极不明智的,尤其是对一些比较霸道和固执的人,采取这种方式会马上遭到反驳。

最有攻心技巧的人,在他的意见遭到反对或某人要发牢骚时,他总是耐心地听对方把话讲完,还进一步请对方重复其中某些观点和理由,询问对方是否还有别的什么事情要说。这样做就消除了对方的抵触情绪,使对方意识到,听话的人对他的观点很感兴趣。

另外,社会心理学家通过对人际关系的研究,一致提出,人际相处的一个最根本的信条就是"不批评对方",并且,要完全倾听对方的谈话,这样,才能使对方开怀畅谈。心理咨询时,心理医生通常都尽量让对方说完自己想说的话,而避免在中途打岔。否则,对方倾诉的欲求得不到满足,彼此也就无法建立较亲密的交谈关系,甚至会造成双方敌对的情绪。另外,一项客户与推销员信赖程度的调查也显示:那些在商品售出之后会受到客户非分要求的推销员,大部分都喜欢说话,并且经常打断客户的话。因此,我们可以推知,要启开对方心扉,建立起亲密的关系,问题就在于说话的方式与内容。这样,大家就能明白有作为的推销员多半较木讷的道理了。

三、耐心听别人谈他自己

有一首诗说:"九牛一毛莫自夸,骄傲自满必翻车。历览古今多少事,成由谦逊败由奢。"这话是针对那些缺乏自知之明、盲目自满的人所说的,但对于我们正确地对待生活,塑造自己良好的交际形象和性格品质,也有着十分现实的意义。人的学业无止境,无论潜心自学还是向人求学,没有谦虚的态度就不会有长进。人生道路曲曲折折,要在复杂的人际关系里游刃有余,健康发展,没有虚心、诚恳的态度同样是不行的。有谦逊的态度,才会有自知之明，而知道自己的不足，就有了努力的方向。

不少人，为了使别人赞同自己的意见，就叨叨地说个不停，使别人根本没有说话的余地。尤其是有的推销员最易犯这个毛病，一味地对顾客夸耀自己的货物如何好，使顾客没有插嘴的余地，其实这是最错误的事。顾客有购买的念头，才挑剔货物，他批评这些货物，不必与之争辩，选定之后，他自然会购买。若是你和他争辩，就如同指责顾客没有眼光，不识好歹。顾客受此侮辱，肯定到别家去了，岂不白白损失了一笔生意？

所以人家说话的时候，自己若有不同意之处，应待别人说完，切不可插进去或阻止人家。阻止人家其实是最大的错误，因为当人家还有许多话没有说完时，是绝不会来接受你的意见，也根本不注意听你的。所以我们应鼓励别人把意见表达出来，耐心地倾听别人讲话。

四、倾听者的良好素质

在听别人说话的过程中，一位高明的谈话者往往能够体现出许多良好的素质。他有一颗精细的心，能够体察别人的感情；他富于同情，能乐人之乐、忧人之忧；他有深厚的涵养，能体谅别人的难处，宽恕别人的错误，容忍别人的缺点；他有良好的耐性，能够长时间地听取别人零乱、不成熟，甚至是语无伦次、前后矛盾的意见。他还具有发掘和吸收别人观点的热忱和能力，当别人因有顾虑而欲言又止的时候，他能诚恳而友善地鼓励他们讲下去；而别人偶尔说出有趣的话，他就发出会心的笑；当别人讲出一些不错的道理时，他就连连点头；当别人试图说出一些难以表达的思想时，他就凝神细听，并且不时就没有听清楚的问题向别人请教；当别人的讲话告一段落时，他就把别人所讲的内容整理得条理清楚，并加以吸收。由于有以上的良好素质，高明的谈话者往往能深刻细致地了解各式各样的人。他的语言，往往可以非常有效地打动人的心坎。这样，无论什么人见到他，都愿意把他当作知心朋友，愿意向他吐露自己的心事，把自己藏在心中的痛苦、烦恼都向他倾吐出来，希望得到他的同情、安慰和帮助。

此外，一个高明的谈话者还必须谦虚谨慎。无论别人怎样敬仰他、佩服他，他都应该态度谦恭，虚怀若谷。一个狂妄自大、目中无人的人，是没有多少人愿意与他交谈的；同样，一个心地狭窄得只容得下他自己的人，也是不受欢迎的。

乔·吉拉德是首屈一指的汽车推销员，然而，他也有过一次难忘的失败经历。

有一次，有位顾客来找乔商谈购车事宜。他向那人推荐一种新型车，进展非常顺利，就在成交的节骨眼上了，对方却突然决定不买了。

那天晚上，乔辗转反侧，百思不得其解。他忍不住给对方拨通了电话："您好先生，今天眼看您就要签字了，为什么却突然走了呢？"

"先生，你知道现在几点钟了？"

"真抱歉，我知道是晚上11点钟了，但我检讨了一整天，实在想不出自己到底错在哪里。"

"很好，你现在用心听我说话了吗？"电话那头说。"非常用心。"他答道。

"可是，今天下午你并没有用心听我说话。就在签字之前，我提到我的儿子即将进入大学，我还跟你说到他的学习成绩和理想，可你根本没有听！"

对方继续说道："当时你在专心听另一名推销员说笑话，可能你认为我说的这些与你无关，但是我可不愿意从一个不尊重我的人手里买东西。"

乔从此知道了，用心倾听对于做任何一件事都是那样的重要。

五、每个人都有倾诉的欲望

人人皆对自己的经历和所做的事情怀着莫大的兴趣，人们最高兴的也莫过于对他人谈论这些事情。但过分地谈论这些，会使听者失去兴趣。

比如，有的人做了一个十分有趣的梦，觉得是亲临其境，其乐无穷，结果逢人便说，不厌其烦。另外，有的人则喜欢喋喋不休地对人说一些自己以前的经历：上中学时怎样，上大学时怎样，刚参加工作时怎样，后来又怎样……如此等等。但是我们若仔细想一想，自己有兴趣的事情，别人也像我们一样有兴趣吗？那些断续破碎、稀奇古怪的梦境，除了做梦者本人，别人听来是非常沉闷的。如果听者对说话者提到的那些往事、那些人、那些地方一点也不熟悉，一点也不觉得有趣，无疑他也不会与说话者产生共鸣。

凡此种种，不外乎证明人们对自己所经历的事情感兴趣，而对与自己毫无关系的事情觉得索然无味。所以，我们在与他人交谈时，应把握听者的这一心理。

每个人都会做梦，他对别人那种无关大局的梦不会感兴趣；每个人也都有自己的经历，他对别人那种平淡无奇、与己无关的经历也不会关心。这一事实告诉我们，在与人交谈中，尽量少谈一些人家不感兴趣的事，不要喋喋不休地谈论自己的生活、孩子、事业等，除非对方在特殊情形下的确感兴趣的时候，否则，还是以谈别的话题为佳。

同时，既然我们知道每个人最喜欢的是自己熟知的事情，那么在交谈中便可以尽量引领别人去说他自己的事情。这是使对方高兴的最好方法。如果我们充满了同情和热忱去听他津津有味的叙述，一定可给对方较佳的印象。

因此，要想多交朋友，要想在交际上取得成功，自己就应该少说别人不感兴趣的话，不要只讲自己、表现自己，而是应该耐心地去听取别人的说话。

在候机大厅里，庞克正在专心读书，忽然邻座传来一位老太太的声音："我敢说芝加哥现在一定很冷。"

"大概是吧。"庞克漫不经心地答道。

"我快三年没去过芝加哥了。"老太太继续说，"我儿子住在那儿。"

"很好。"庞克头也不抬地说。

"我丈夫的遗体就在这飞机上。我们结婚都有五十三年了。你知道,我不开车。他去世时是一位修女开车把我从医院送出来的。我们甚至还不是教徒呢。葬礼的主持人把我送到机场。"老太太有点忧伤地说。

此时,庞克觉得自己刚才不理老太太的行为多么令人讨厌,他终于明白:身边有一个人正在渴求别人倾听她的诉说。她孤注一掷地求助于一个冷冰冰的陌生人,而这个人更感兴趣的是读书。

她所需要的只是一个听众,不要忠告、教诲、金钱、帮助、评价,甚至不需要同情,仅仅是乞求对方花上一两分钟来听她讲话。

庞克不再读书了,而是用心听老太太说话。老太太一直缓缓地讲着,直到他们上了飞机。

这看起来是那么矛盾:在一个拥有发达的通讯设备的社会里,人们却苦于无法交流,无法找到一个听众。老太太在机舱另一边找到了她的座位。当庞克把大衣挂起来的时候,又听见老太太用带着哀愁的音调对着她的邻座说:"我敢说芝加哥现在一定很冷。"

庞克在心里祈祷:"上帝,但愿有人听她讲。"

人都会有一种倾诉的欲望,如果有人在向你喋喋不休时,耐心地倾听就是对他人最大的尊重。

六、做一个耐心的倾听者

现代社会中,我们希望人人都能勇于开口,大胆说话。但凡事都有个分寸,如果我们不会把握这个分寸,那就只能适得其反,弄巧成拙。

生活中有许多是非之争是因为谈话多了;话说得越多,出毛病的机会也就越多。教人少说废话多做实事,这是古今中外哲人学者的共识。它饱含着深刻的辩证法则。真正有学问的人大智若愚,不太乱说话,相反那些腹中空空,没有几点文墨的人却喜欢大吹大擂。所以,我们应记住一条原则:在任何地方和场合,最好能少说话。若是到了非说不可时,那你所说的内容、意义,所选用的词句,所伴随的姿势以及说话的声音,都不可不加以注意。在什么场合该说什么话,用什么方式说,都值得注意。无论是在探讨学问、接洽生意、实际应酬或娱乐消遣中,从我们口里说出的话,一定要有中心,要能具体、生动、要十分精彩。

在类似座谈会的场合中,大家都爱踊跃发言,而不注意倾听别人的意思。所以,经常产生彼此的误会,各想各的,都站在自己的立场,擅自解释别人的意见,表面上看起来,大家讨论得十分热烈,事实上非常散乱。因此,真正有见识的人,会在脑中把众人的论点分析、整理出来,而当座谈会进行到中段以后,才提出他归纳后的要点,让大家有个一致的方向。然后,再说出自己的意见,使整个讨论的方向更为明确,这种人才是最会表达的人。

为保证说的每一句话为人所重视,不惹人讨厌,唯一的资本是少说话,静静地思考,耐心地听别人说话。

做一个耐心的倾听者要注意6个规则：

规则一：对讲话的人表示称赞。这样做会造成良好的交往气氛。对方听到你的称赞越多，他就越能准确表达自己的思想。相反，如果你在听话中表现出消极态度，就会引起对方的警惕，对你产生不信任感。

规则二：全身注意倾听。你可以这样做：面向说话者，同他保持目光的亲密接触，同时配合标准的姿势和手势。无论你是坐着还是站着，与对方要保持在对于双方都最适宜的距离上。我们亲身的经历是，只愿意与认真倾听、举止活泼的人交往，而不愿意与推一下转一下的石磨打交道。

规则三：以相应的行动回答对方的问题。对方和你交谈的目的，是想得到某种可感觉到的信息，或者迫使你做某件事情，或者使你改变观点，等等。这时，你采取适当的行动就是对对方最好的回答方式。

规则四：别逃避交谈的责任。作为一个听话者，不管在什么情况下，如果你不明白对方说出的话是什么意思，你就应该用各种方法使他知道这一点。比如，你可以向他提出问题，或者积极地表达出你听到了什么，或者让对方纠正你听错之处。如果你什么都不说，谁又能知道你是否听懂了呢？

规则五：对对方表示理解。这包括理解对方的语言和情感。有个工作人员这样说："谢天谢地，我终于把这些信件处理完了！"这就比他简单说一句"我把这些信件处理完了"充满情感。

规则六：要观察对方的表情。交谈很多时候是通过非语言方式进行的，那么，就不仅要听对方的语言，而且要注意对方的表情，比如，看对方如何同你保持目光接触、说话的语气及音调和语速等，同时还要注意对方站着或坐着时与你的距离，从中发现对方的言外之意。

在倾听对方说话的同时，还有几个方面需要努力避免：

第一，别提太多的问题。问题提得太多，容易造成对方思维混乱，谈话精力难以集中。

第二，别走神。有的人听别人说话时，习惯考虑与谈话无关的表情，对方的话其实一句也没有听进去，这样做不利于交往。

第二，别匆忙下结论。不少人喜欢对谈话的主题做出判断和评价，表示赞许和反对。这些判断和评价，容易让对方陷入防御地位，造成交际的障碍。

再列举6点令人满意的听话态度：适时反问；及时点头；提出不清楚之处并加以确认；能听出说话者对自己的期望；辅助说话的人或加以补充说明；有耐心并想深入了解说话的内容。

七、倾听中的插话技巧

一个倾听高手在倾听过程中如何插话，才有助于达到最佳的倾听效果呢？根据不同对象可采取不同的方法：

第一，当对方在同你谈某事，因担心你可能对此不感兴趣，显露出犹豫、为难的神情时，你可以趁机说一两句安慰的话。

"你能谈谈那件事吗？我不十分了解。"

"请你继续说。"

"我对此也是十分有兴趣的。"

此时你说的话是为了表明一个意思：我很愿意听你的叙说，不论你说得怎样，说的是什么。这样可以消除对方的犹豫，坚定他倾诉的信心。

第二，当对方由于心烦、愤怒等原因，在叙述中不能控制自己的感情时，你可用一两句话来疏导。

"你一定感到很气愤。""你似乎有些心烦。""你心里很难受吗？"

说这些话后，对方可能会发泄一番，或哭或骂都不足为奇。因为，这些话的目的就是把对方心中郁结的一股异常情感"诱导"出来，当对方发泄一番后，会感到轻松、解脱，从而能够从容地完成对问题的叙述。

值得注意的是，说这些话时不要陷入盲目安慰的误区。不应对他人的话做出判断、评价，说一些诸如"你是对的""他不是这样"一类的话。你的责任不过是顺应对方的情绪，为他架设一条"输导管"，而不应该"火上浇油"，强化他的抑郁情绪。

第三，当对方在叙述时急切地想让你理解他的谈话内容时，你可以用一两句话来"综述"对方话中的含意。

"你是说……"

"你的意见是……"

"你想说的是这个意思吧……"

这样的综述既能及时地验证你对对方谈话内容的理解程度，加深对其的印象，又能让对方感到你的诚意，并能帮助你随时纠正理解中的偏差。

以上三种倾听中的谈话方法都有一个共同的特点，即不对对方的谈话内容发表判断、评论，不对对方的情感作出是与否的表示，始终处于一种中性的态度上。切记，有时在非语言传递的信息中你可以流露出你的立场，但在语言中切不可流露，这是最重要的。如果你试图超越这个界限，就有陷入倾听误区的危险，从而使一场谈话失去了方向和意义。通常来说，我们在人际交往中，谈话往往会作为我们考察一个人人品的重要标准，也是我们与他人交流感情，增进了解的主要手段。

那么，在日常生活中，我们该如何说话呢？这却是一门艺术。在我们身边，有的人谈起话来滔滔不绝，容不得其他人插嘴；有的人为显示自己的伶牙俐齿，总是喜欢用夸张的语气来谈话，甚至不惜危言耸听；有的人以自己为中心，完全不顾他人的喜怒哀乐，一天到晚谈的只有自己。这些人说话的内容不论如何精彩，但如果时机掌握不好，就无法达到说话的目的。因为听者的内心，往往随着时间变化而变化。要想使别人愿意听我们的话，或者接受我们的观点，就要选择适当的时机说话。

说话要选择时机是非常重要的。但何时才是这"决定性的瞬间"，怎样判断并抓住，并没有一定的规则，主要是看对话时的具体情况，凭我们的经验和感觉而定。具有高明演说技巧的人，往往能很快地发现听众所感兴趣的话题，同时能够伺机开口，说得适时适地，恰到好处。也就是说，能把听众想要听的事情，在他们想要听的时候，以适当的方式说出来。这不但要说到别人的心坎上，还要利用这个时机，巧妙地表达出自己的意思，达到办事的目的。

我国第一位现代舞拓荒者裕容龄，幼年时随外交官父母迁居巴黎，由于受旧礼俗束缚，一直不敢进言学舞的愿望。

有一次，日本公使夫人到她家做客，问其母："你家小姐怎么不学跳舞呢？我们日本女孩子都要学的。"

裕夫人不便拒绝，顺水推舟道："往后再学吧！"

裕容龄趁机进言："好母亲，我今后就学日本舞跳给你看，好吗？"说罢，她便换上舞装跳起《鹤龟舞》，日本公使夫人夸赞不已，裕夫人也只好认可。

裕容龄的进言成功，在于她抓住了时机。生活中，我们许多人都有一个共同的毛病，就是在不必要的场合中，把自己所有的话题，在一次机会中全部说完等再需要我们开口的时候，我们便已经找不到话可说了。即使再说，也是说一些没有必要的废话。这些废话既不形象生动，也不新鲜活泼，怎么能产生感人的力量呢？又怎么能进入或很快地进入角色呢？为此，我们在说主题的时候，必须伺机而说，才能长时间地留在人们的记忆里。

第三篇

为梦想插上翅膀

2013年,一部名为《中国合伙人》的青春励志电影走进院线,仅仅10天票房就突破了3亿元,这样的成绩无疑吸引了众多人的注意,也引爆了新闻热点。一时间,看过电影的没看过电影的,话题都聚焦在"以新东方创始人的共同奋斗、以兄弟情谊为蓝本"上。

此时的俞敏洪意气风发,是他将新东方打上"第一家在美国上市的中国教育机构"的铭牌,一跃成为"中国最成功的老师"。而彼时的俞敏洪,不聪明、不出众、不顺利——出身农村的他历经三次高考才考上了北京大学;求学五年竟没谈过一场恋爱;在北大任教七年却因兼职培训被公开处罚。但他有梦想,所以才有了圆了无数人出国留学梦的新东方,才成了鼓舞众多青年的心灵导师。

和其他企业家讲企业的创业心得不同,俞敏洪在演讲时喜欢和青年分享自己的心得。他用自己的亲身经历来为那些迷茫的孩子们解惑,用自己总结出来的经验为大家照亮前进的方向。

很多人都说,新东方是个传奇经典,俞敏洪则是一位当之无愧的传奇人物。听到这些话后,俞敏洪却笑着说:"我不是传奇人物,和大家一样,每天吃三顿饭,晚上也睡觉。不同的是可能很多人干一件事久了就烦了,我不烦,我干一件事干得越久越来劲,所以到今天,我还在不亦乐乎地重复昨天的故事!"其实,人们所说的传奇人物只不过是比普通人多了一丝韧劲,多了一点耐心罢了!

一支扁担、一件打满补丁的裤子,足以涵盖了俞敏洪进入北大前的窘况,但是这些并不影响他作为年轻人的精神气质。大学不过是给我们开了一个头,真正的未来是由我们走出校园、走进社会之后才能决定的。年轻就是奋斗的资本,年轻就是人生的动力,年轻人要对自己充满自信,不要以自己的现状来判断未知的将来。正如俞敏洪,谁又会想到当初的"北大二流"毕业生青年如今能够带领着一群精英斗士在奋斗呢?俞敏洪曾在各地进行演讲,叙述他的成功历史,相信在他一穷二白之时能有一群忠实的追随者跟着他艰难地创业必定与他超人的口才能力相关。在人的各种能力中,口才是一个人学识、才干和智慧的重要标志。一流的口才,可以使你的表达更清晰,可以使你的话语更动听,可以使你的说理更有力,可以使你的人际关系更融洽。所以,拥有高超的口才也是很多人梦寐以求的。

第一章 不妨学学"名嘴们"

有一次，记者问中央电视台著名主持人白岩松："最近我看到有媒体把你和中央电视台的其他名嘴作了比较，给你打的分是最高的，在强手如林的竞争中，你感觉有对手吗？"

白岩松说："事业跟百米赛有相似的地方，我跑的时候，眼睛只盯着前面那条线，而绝不会去考虑对手；但人生跟百米还不太一样，百米就是一条线，人生是你撞了一条线后还有另一条线，你得不断去撞，直至死亡。"

这里所说的"名嘴"是指著名电视台里著名节目的著名主持人。

他们的口才一流，各有千秋，是很值得所有期望改善口才的人学习的。但是向"名嘴"们学习，并非全然地抄袭和临摹。

就像上述的例子那样，你应该学习的是他们的说话技巧，以及这些技巧所透露出来的精神和品质。如果你仅仅关注于他们说话表演的片言只语，就不假思索地效仿，很容易闹出东施效颦和邯郸学步的笑话不说，也背离了你改进口才的初衷。

面对"名嘴"，我们应该学些什么呢？

（1）高度的自信心。没有一个"名嘴"会在主持自己的节目时表现得慌张，他们的态度往往是很自信的，甚至于有时会给人自负的错觉。那是因为他们相信自己的实力，坚定自己的决断。而你说话的时候，又何尝不可以要求自信一点、执著一点呢？

（2）不懈的磨炼。"宝剑锋从磨砺出，梅花香自苦寒来"，荧屏上活跃的那些著名主持人无不具有一段艰辛的成名历程，他们成功的背后就是不懈的勤学苦练。你想要有好口才，就离不开大胆说、经常说和坚持说。

（3）实践出真知的品格。现实中，那些"名嘴"们都因为名气的增大，而不断受到各方邀请。他们都以反复的登台说话为实践的机会，认真准备，努力总结，积累了越来越丰富的"实战"经验，说话水平自然越来越高了。其实你每天都在进行着大量的说话实践，就看你是否利用好它们来"出真知"了。

（4）不断学习的心态。"名嘴"们都是很注重充实自己内涵的。生活在这个发展一日千里的时代，如果不与时俱进，把握最新的动态，就会逆水行舟，渐渐倒退，说话的内容也会慢慢地贫乏、空洞。可见不断学习对改进口才而言是很重要的。

理想和事业是人生的骨架，快乐和情感则是人生的血肉，而口才是你快乐和情感最大的宣泄口。从成长到理想，从人生到事业，下面是俞敏洪的一篇演讲，相信大家也能从中大获裨益。他的激情澎湃，他的现身说法，一定能够帮助我们寻找到人生的理想和奋斗目标。

《我被北大踹了一脚》

任何一个人创办了新东方都情有可原，但我就出人意料。因为我在同学眼里是最没出息的人。——俞敏洪

由于出国无望，家庭经济又陷于困境，这时候的俞敏洪想起了自己对于托福考试的深刻研究，于是他就开始背起书包游走于各个培训机构开始教学谋生。1989年的夏天对于

俞敏洪来说是格外的沉闷，为了打发时间和挣钱养家，他和一所民办学校商量，以承包的方式来办外语补习班。

本来以为这是一个很好的谋生方式，没想到北大却认为这是对北大不尊重的一种表现。再提起当时的情况的时候，俞敏洪对于那时候发生的事情似乎是历历在目：

在北大教学四年，我终于分到了10平方米的房子，这个时候我决定把自己的一生都献给北大。没有想到的是"北大踹了我一脚"，在当时对于北大是怨恨的，可是现在想起来却充满了感激。

上帝似乎比较偏爱捉弄那些刚燃起希望的人，我就是被他捉弄的人。在1991年的一个秋夜，当时正在和王强在家里喝着小酒，聊着家常，想象着自己逐渐清晰的出国梦。而北大的高音喇叭却把这一切都给打碎了。

广播里正在播放着学校对自己的处分，同时还罗列出了四五条的处分理由，但最主要的理由是说我打着北大的旗号私自办学。这样的处分连播了三天，北大的有线电视台也连播了半个月，甚至在北大著名的三角地橱窗锁了半个月的处分公告。

结果就是我为了维护自己的颜面，选择离开，不过当时几乎已经没有什么颜面了，我都感觉自己是颜面扫地了。那天晚上，我和王强喝得不省人事烂醉如泥，王强后来不知道通过什么方法偷偷地出国了，而我却离开了北大，第一次的办学就此夭折了。如果我在北大一直混下去的话，可能我现在已经是北大英语系的副教授了。

"作为一个三流文人，老俞被北大处分之后，既想着要保留文人的脸面，又缺乏一流文人的风骨，不敢自沉于未名湖。所以呢，就退而求其次，唯有辞职，落草为寇。可谓是置之死地而后生。"俞敏洪的同事，新东方的李杜对此幽默地调侃道。

被"北大踹了一脚"的俞敏洪，可以说是真正的"落草为寇"，从此走上了一条不归路。他常常对自己的学生说，人生总是需要给自己留下一些能够让自己热泪盈眶的日子，否则我们的人生就是虚度的。

俞敏洪对于北大有着复杂的情感，这个令他百感交集的地方虽然"踹"了他一脚，但是也成就了他和新东方。现在的北大似乎和他离开时候的北大并没有什么区别，在自己有时间的时候，他总是会开车到北大去转转，重新感受一下当时在北大的生活。所有的幸运以及不幸，似乎都是由北大带给他的。三年的高考、迟到的爱情、病魔的耽误、拖沓三年半未完成的出国梦以及学校的处分，似乎每件事情当中都融入了俞敏洪的复杂情感。我们说这样的人注定是要大器晚成的，俞敏洪的新东方出世之后，他的很多同学都表示很震惊。

俞敏洪坦然地说："我是唯一他们不会想到会搞出这样学校的人，任何一个人办新东方都是情有可原的，但是如果是我的话，就不可原谅了，因为在他们的眼里，我是最没有出息的一个人。"看起来很荒唐，一个人究竟在学校表现得有多差才会"赢"得这样的评价。但俞敏洪的成功却给他们带来了很大的信心，所以这些人就从国外回来了。现在的俞敏洪自诩为他就像一只"土鳖"带着一群"海龟"在奋斗。

虽然被"踹"了一脚，但是俞敏洪似乎走得更加沉稳了。五年的大学生活，对于他来说似乎并没有任何的规划和计划，而所有的想法几乎都龟缩在了他自卑的阴影当中。在北大的他，浮躁而又自卑；离开北大的他，内心变得坚毅顽强。这些似乎就是北大给他带来的额外收获，刻骨铭心的磨炼和锻造，使俞敏洪变得更加具有承受力和意志力。

一切痛苦的存在都是具有一定意义的，它能够使我们这颗年轻的心变得更加坚强。北大是俞敏洪的起点，它给俞敏洪留下了很多的回忆。苦难和光荣，幻想与梦想，他之所以有会有今天的幸福人生，完全在于经历痛苦的他没有自暴自弃，能够重新爬起来继续前进。

在生活中我们会遭遇到各种幸运和不幸，而一味沉浸于其中并不会给我们带来自己想要的结果。被生活推着走，被痛苦推着走，这时候就会了解到自己处于一种不得不走的尴尬境地。这时候的我们为了摆脱这种窘状，就会想着主动向前走，并且走得还要比一般人更加的勤快。

一、郎朗——梦想成就伟大人生

郎朗的童年，其实和很多普通家孩子的情况差不太多，那时候的情况和现在比，可能很多孩子的家境要好于郎朗的家境，然而父母望子成龙的决心是决定孩子成才的重要因素。

7岁那年，父亲便辞去了工作，一心陪着郎朗到北京求学，期间承受着巨大的辛苦和压力。可以想象一下，我们身边7岁的孩子，刚一年级、玩耍、作业、玩手机、看电视……而郎朗已经开始了一心走钢琴专业的道路。

选择从小走音乐之路，并不是每一个家长都能做到的，也不是每一个孩子都能始终坚持的。

选择了，就要坚持走下去；选择了，就要努力做到最好。

无比苛刻的要求和见缝插针的练习自此便成了郎朗的日常。

没有什么天才与神童，有的是普通人难以持续的勤奋与刻苦。

正如郎朗所说，机会永远会留给准备好的人。如果你连准备都没有，何谈机会？下面让我们来欣赏一下这位被音乐耽误的演说家的演讲：

《指尖上的青春》

亲爱的同学们：

大家好，今天和这么多年轻的朋友们在一起，我感觉我还不算太老吧，刚到30岁。首先我想为大家演奏一段我小时候最喜欢的一个乐曲，这首曲子影响了我想当钢琴家的梦想，很多年轻的朋友们可能都看过《猫和老鼠》，其中有一集是"猫的协奏曲"。我父母在我一岁半的时候买了一架特别小的钢琴，我当时看着这个动画片，汤姆猫穿的是一件很长的燕尾服，而且在舞台上面做了一个非常酷的动作，所以当时我也开始学着汤姆猫的样子也开始弹琴。

我还记得我第一次开音乐会的时候，我真的觉得是我人生中极不寻常的一次记忆，演奏会前一天的晚上，我上了十次厕所，实在是睡不着觉，也不知道是因为紧张还是什么原因，我记着我从台后走到台前的那一刻，坐下来以后就演奏了这首曲子（现场弹奏）。我第一感觉就是，自己在家练琴跟台上表演太不一样了，在台上我真正找到了分享给大家的这种快乐的感觉，所以我就立志：我长大了一定要当钢琴家！

开始都比较容易，开始入行也觉得很好玩。后来我才发现，弹琴太折磨人了，我当时才五岁，每天弹四到五个小时，起来就是弹琴，然后上学，然后中午吃完饭继续练，然后再上学，然后晚上再练琴。我就有点后悔了。上台的时候听着曲子都很好听，练琴的时候都是这种（现场弹奏），我的邻居实在是受不了，然后在我练音阶的时候，他们就放着非常响的流行音乐。

在我七岁的时候，参加了第一次全国的钢琴比赛，我信心十足，我觉得肯定没问题，沈阳怎么赢，全国就怎么赢，结果拿了个第七名。我当时心情啊，真是一落千丈，而且当时第一名给了一架钢琴，第二名给了一台电视机，第三名给了什么电冰箱之类。第七名给了一个玩具狗，我就感觉特委屈，我看到这只狗，就感觉第七名写在它脸上，七、七，中文和阿拉伯文全在上面写着"七"，当时我跟这狗还打了几仗，虽然是假的，但打得还是挺爽的。后来我带着这只狗去见我老师，说这是我第七名的奖品。老师说你应该把这只玩具狗当成你最好的朋友，你应该把它当成激励你的一个目标，而不是因为你失败，而去痛恨这件事情。后来我就把这只狗摆在钢琴上了，然后每天弹琴就跟它说，下回一定给你争气，我一定要得第一名。

后来我的父母做出了一个非常艰难的决定，我爸辞掉他的工作，去北京陪着我报考中央音乐学院，我母亲一个人在沈阳，可以说是养家糊口。我虽然希望完成自己的音乐梦想，但这就意味着很小就要背井离乡了，所以在很长时间里，我都一直没有恢复到我小时候比较活泼的这种性格，因为来到一个新的环境，确实是很困难。因为我第一个老师没找对，他说我肯定不会成为钢琴家，而且说我们的这种决定都是莽撞的，都是没有未来的，在半年多的时间里面，我感觉压力特别大，对自己很失望，对钢琴很失望，对新的生活感到很失望。终于在七个月以后，这个钢琴老师决定不教我了，建议我打道回府。这个时候已经离考中央音乐学院不到一年的时间了，当时我有很长一段时间不想再弹琴了，我觉得，如果钢琴给我带来的是一种痛苦，一种迷失，那我为什么还要去学它呢？我小时候之所以喜欢弹钢琴，就是因为音乐给我带来了一种生命，一种在生活中渴望得到的一种精神。现在我也一直牢记，不管出现什么困难，都不能把这个精神失去。

后来在很快的时间，大概七八个月，跟新的老师——赵平国教授。在这个七八个月里，大概进步非常快。那么考试的时候，我又犯病了，我又上了十次厕所，我就怕考不上。我那时候，成天晚上做恶梦，有一次我是记着我做梦，第一轮就被刷下来了。大红榜上写着：你第一轮就被淘汰了。大红榜，你能想象吗？后来考试的时候，弹的也很有感觉，好像是把一年半在北京学习的这种情感都弹出来了，酸甜苦辣。

之后在北京度过了五年，非常难忘的时光，期间我也赢得了两次国际性的钢琴比赛冠军。

在我十四岁的时候，我和我的父母、还有老师们决定留学美国。我记得非常清楚，出机场的时候，因为我们那时候的中国，还不像今天这么强大，所以我当时对着国徽说我绝对不会让中国失望的。

到了美国以后，先去的高中学校，同时上了音乐学院——在美国的费城。头一次我去学校，我的老师加里·格拉夫曼，他是我最崇拜的钢琴家霍洛维兹的学生，也是美国最著名的钢琴家之一。我见他第一面，他说你来美国要做什么？我说我来美国，我要把所有美国的和欧洲的、乃至世界的任何一个地方的钢琴比赛，全都去比完。他当时就笑着说"你不觉得你这很可笑吗？"我说："为什么可笑？"他说："你真正想做什么？"我说"我想当钢琴家。" "你为什么要当钢琴家？"我说："我只能比完所有的第一名以后，我才能当钢琴家。"他说："你这也太……太功利主义了！"他说："你这根本不是为艺术而当钢琴家，你应该是真正把自己的本领学到，提炼这些艺术大师的造诣、这些经验、这些精华。"当你拥有这些的时候，你就会自然的成为一个钢琴家。"但我当时不太赞同他这句话。

我爸当时也在，我爸说你肯定英语没听明白，他肯定不是这么说的。他肯定是让你所有比赛必须得第一名才行。我说不对。我就说，"那好吧，那我先好好练琴，但是过一年以后，你得让我去参加比赛。"他说："你要如果发展好的话，过一年你就可以去弹音乐会，弹音乐会去了。"当时我就觉得他说的话都是梦话。但是同时呢，在一年半的时间里面，我跟我的老师学了三十五首钢琴协奏曲、六套钢琴独奏曲目。我那时候确实感觉到老师说得对，艺术是永恒的，而不是一时的。你的实力如果没到这样的一个阶段以后，就算你很幸运地开始出名，你也会在很快的时间内摔下来，所以他是让我非常扎扎实实地去学习。

在1999年一个夏天的一个晚上，我当时是有幸去参加指挥大师艾森马赫的面试，我很紧张，因为我以前考过很多次的。给指挥大师考试，指挥大师都说："你太年轻了，太小了，十几岁。"还有更比较歧视的，说："中国人弹什么古典音乐。"所以我见着这位大师的时候，我实际很害怕。尤其他还这样站着，而且他是光头。"你有什么曲子"还有点德国口音。我当时曲目量还是很大，我说："你想听什么吧？"他确实是很刁，上来就让我弹勃拉姆斯——非常有深度的曲子，也是我非常喜欢的曲子。我成了一个点歌器似的，他说"再弹这个，再弹那个，再弹斯克里亚宾，再弹拉赫玛尼诺夫……"结果他听了我大概两个半小时，然后他上来说"如果明天我让你弹一首曲子，你弹什么？"当天晚上我从芝加哥，飞回费城。

第二天一大早，我还在那儿睡觉呢。八点！我记得很清楚：八点！我的那个经纪人，每次都对我说："你好好等待吧，你再等待十年吧！十年也不一定，二十年吧！你再等待！"他总让我等待，突然他比谁都兴奋。"醒来！"我当时还以为做梦，一大早叫我醒来："你好，说那个芝加哥交响乐团现在就让你，成为第一替补。"我说"那几个替补都有问题吗？"他说："不是。因为昨天你弹的，给这指挥弹了两个半小时，他非常喜欢你。他让你现在就去弹柴可夫斯基的第一钢琴协奏曲，替补安德鲁·瓦兹，在世纪音乐会上弹。"

那天晚上音乐会出场，介绍我出场的是美国最著名的音乐大师斯特恩大师。他说"今天晚上，现在安德鲁·瓦兹马上就应该出场了，但是他今天来不了了。"就听所有的观众嘘声一片，他继续说"但今天替他出场的是一位十七岁的中国少年，将为我们演奏柴可夫斯基的第一钢琴协奏曲。"然后他把我的名字说出来了，当时我就能感觉到观众因为不认识我，将信将疑，然后我那天穿的很隆重，我穿的是当时汤姆猫的那个燕尾服。结果弹完以后，那是我一辈子都没有见过的那么热烈的场面，也没有听过那么响的掌声。当时弹完最后一个音的时候，全场起立。而且持续了大概能有七分钟的掌声，所以我坚信：机会是留给准备好的人！你只要准备好了，机会就会来。

后来从十七岁到现在，我每天活着就像做梦一样。以前不敢聘用我的乐团和音乐厅都同一时间发起了邀请。在第一年，我十八岁的时候，从一直住的简易房子，换成了别墅——在费城。所以当时我确实觉得：机会太重要了！当你站到一个舞台的时候，你如果用全身心的感情投入进去以后，你会得到比你想要的还要多得多的东西。

在很长一段时间里面我都是演出！演出！演出！对我来讲，我觉得生活是很美好，但是同时也会觉得有点空虚。直到2004年的一天，我因为音乐会弹多了，手臂拉伤，临时取消三个礼拜的音乐会。当时我特别难受，因为我觉得好像梦想刚刚实现，突然手受伤。我就不知道会有什么样的未来，但就在这三个礼拜里面，真的让我感受到了：人生不能只埋头苦干的去弹钢琴，我们一定要活得丰富多彩！当我决心要改变我非常单调的音乐生涯的时候，我非常有幸地成为了联合国儿童基金会的亲善大使。

那一次去非洲，去探望儿童，可以说改变了我很多的想法。我以前认为音乐，尤其是古典音乐，可能很难面向大众化，但是在非洲，在那些儿童的身上，我看到了美妙的音乐是会震动所有人的心灵。不管你的背景是什么，不管你的国家是什么，不管你的文化是什么，我们都会通过优雅的音乐来展开我们的世界观。所以那一次在探访这个非洲儿童以后，我就梦想着有一天能建立我自己的基金会，建立我自己的音乐学校，来培养、教育、启发我们下一代的青年、下一代的小朋友们。

我觉得可能在演奏钢琴的时候，我们经常是一个人，但是一个人的力量太单薄了，我们什么也做不成，所以我希望在未来的日子里面，我能和更多的有同样梦想的朋友们，一起来为我们的世界创造一个更丰富的色彩。从这个钢琴开始！

二、丁俊晖——没有不努力的天才

待人友善是修养，独来独往是性格。

尽管有些人看起来友善，生活中也很友善，但这只能说明他是一个好人，具有与人正常沟通交往相处的能力；但这并不影响其平时选择独来独往的生活方式。

"我天性不宜交际。在多数场合，我不是觉得对方乏味，就是害怕对方觉得我乏味。可是我既不愿忍受对方的乏味，也不愿费劲使自己显得有趣，那都太累了。我独处时最轻松，因为我不觉得自己乏味，即使乏味，也自己承受，不累及他人，无需感到不安。"

曾看到丁俊晖演讲，被他的一段自白深深打动：

"其实努力是不需要给别人看的。一个人在努力的时候，可能没参与到其他的一些活动和业余生活当中去，你就觉得这个人真是不合群，其实他可能是在做别的事情，他不是不合群，他只是在做他自己想做的事情。"

作为曾受到全民关注的天才球童，丁俊晖八岁开始练球，十一岁单杆破百，十五岁成为中国第一个世界台球冠军，十九岁就战胜世界排名第一的奥沙利文破了二十一项世界纪录。

但是他对童年的记忆就只停留在台球上，曾经整整一年都在练习室里一个人练习基本功，每天十二个小时。因为专注和投入，所以也失去了很多别的东西。

不管看上去少言寡语还是阳光开朗，可能每个人都有那么一段独来独往的时期。有人喜欢闭关练习，有人爱好封闭创作，有人只是为了找个地方静一静，与自己对话。下面欣赏一下丁俊晖的演讲：

《没有不努力的天才》

很兴奋，因为除了在赛场上，我又在这个不一样的现场，能够跟这么多的精英见面，然而我并不紧张，因为我可能也习惯了吧。

第一次接触台球是因为我爸爸。当时我们家楼下有个小卖店，店里面有两张北方的那种黑吧球台，一开始看大人们玩，我不知道这是个什么东西，规则我都看不懂，我就知道把那球打进去，就挺好玩的，然后后来我也想上去试试，但是我肯定不会跟他们玩，然后就去到边上那张坏的台子那里，用一半儿，然后拿一杆就往那一捅。后来也是听我父亲说的，我完全没有印象，他说我帮他打了一盘球，然后把他那个朋友打赢了，这个我一点印象都没有。之后，我父亲是听了朋友的一些建议，他说这个小孩对球的感觉特别好，希望我爸能够让我去学习一下，去练一下，看看怎么样。

然后紧接着我爸，就把我带到那种正规的俱乐部，我那时候就直接接触上了斯诺克。那台子好大好大，我根本就，那台子就到我这儿了，我基本上就是踮着脚才能打球。直到两年以后吧，我在十岁的时候打了第一杆过百，然后我爸爸在宜兴也开了个球房，他希望给我有个更好的训练环境。然后后来为什么去广东，因为斯诺克台球最大的影响来自香港。

随着它慢慢地转到大陆来,再从广东那边传过来的。国内的所有的打得最好的选手,基本上都会去到广东那边参加比赛在那边练球。所以说那边的氛围是最好的。

我当时从1999年,就到了东莞,当时我不知道什么叫辛苦,再后来,再回想以后,我就觉得非常地艰苦。我们一家子人住在一张床上,就是三个人都是很挤,都是侧着身睡觉的,然后每天吃饭都是每个人两块钱的那种标准来做的,我并不觉得这是一种苦。每天能够给我一张桌子,给我一根杆、一副球,我就能很快乐的。刚去广东那时候,也是有读书的,但是由于参加比赛,学校里落了很多堂课,然后我妈经常会帮我去请假。当时那个老师可能不是很友好,经常跟我妈说,你儿子整天不来上课,希望我直接退学。

我觉得作为一个老师不应该这么说话,其实每个人都应该尊重别人的理想。我父亲对我比较严格,他不苟言笑,对我永远都是板着个脸,这样。我就跟我父亲说,我说,我不想上学,我想把自己的所有都投入到台球这个事业上去,我想该放弃的时候了。他想了一会儿,他也没说话,就是沉默。然后,他说,你确定你要选择这条路走下去?我说是的,然后他也没说什么。就这样,很简单的一些对话,这样就结束了。

我们第二天就没有再说别的事情了,第二天早上他就把我拉起来了,直接拉到球房里,就这么开始了我的修行之旅。他对我更加严格了,盯着我打的每一个球。他不允许我有任何的一个错误,有一点点打得不对的地方,他就在那里跟我纠结,在那几年没日没夜地训练,一天训练时间都是在12个小时吧,除了吃饭睡觉就是训练。我觉得我的童年完全是在台球上度过的,没有过过正常小朋友的一些童年生活。不过我觉得,当你在为了自己的理想努力,而去专注地去做一件事情的时候,你会失去很多别的东西,但这并不是你,你不需要跟人家比较,我没有这个,我没有那个。因为你正在朝着你自己的理想去努力,当时就是这么想的吧,其实没有想太多。

在16岁之前是不能够打职业赛的,等了一年,在2003年转成职业选手,那时候我好兴奋,我终于可以一个人跑出去了,我终于不用再受父亲的管教了。

当时我不知道为什么会那么来劲,我见到英国选手,我就想打败他们。我前几年在打资格赛的时候,一见到他们,就特别狠,就想把他们打败。然后确实也打得非常好,在第一年留在职业赛上,也是对我有很大的鼓励,也在那一年赚到了一些奖金。因为在之前,家里把所有的收入都投在了我身上,家里几乎什么都不剩了。那些年父亲天天陪着我,这种陪伴的滋味,多少我也懂一些,完全没有自由,所以说在去了英国以后,是希望自己的父母过上更好的日子,因为我可能两块钱的饭吃多了吧,对于这种生活上的要求不是很高。

当然这些年打职业联赛,我也有状态不好的时候,就是2007到2009年,这两年吧,特别地迷茫。因为训练的时候效果不是很好,训练没有效果的话,比赛就更不用说了,所以那时候,我很害怕比赛。这种感受很难受,很难想象。当对手在打球的时候,我坐在那里看他打球的那种心情,就像自己犯了很简单的一个错误,然后把这个果实让给他,看他在那里啃一样,我觉得我就想一把抢过来,然后自己就塞嘴里了。就那种感觉,很不甘心,很不情愿,我碰到慢的选手,我就在那里坐上三四十分钟,我就在那里看着他们,我都快睡着了,碰到这种比赛太折磨人了。在2007到2009年,直接从第一盘开始,我就不想进行比赛了,我想赶紧输完就赶紧回家了。但现在再有就不可能了,因为我已经从那个时候走出来了,希望自己能够在以后做得更好吧。

人生就像一场比赛,不能赌只能博。人们都叫我天才,但是我觉得我是一个努力的天才。一句话吧,终生勤奋,便成天才。谢谢大家。

三、白岩松——演讲天才的青春

整个高一高二,白岩松在老师眼中就是个不折不扣的"差"学生,用白岩松自己的话说:"我最惨的时候,混到全班倒数第二。"直到高三,白岩松才意识到,是该冲刺了。

白岩松有着自己独特的学习方式和规划,他用了一年的时间,从倒数的位置追到了全班前10。后来,他以全班第8名的成绩考上了当时的北京广播学院(现中国传媒大学)。白岩松强调说:"我不觉得这可以让其他孩子借鉴,因为我是文科,可以完成这个逆转,理科可能很难。"

"为了让别人看到你卓越的才能,你必须先拥有优秀的成绩。如果你说,我现在有很多卓越的才能,只有学习成绩不好,那么,在目前这个年龄段,你就拥有不了让别人接受你的机会。所以,我们要清醒地意识到,在我们读初中、高中、大学时,我们的才能要透过我们的学习成绩去展现出来,尤其在高中阶段。"

《没有哪一代的青春是容易的》

下午好!

好了,接下来,就让我出声,你们就不用出声了(众笑)。

看到热气腾腾的这个场面,就想起自己的大学生涯,对我来说,大学是一生当中最美好的四年。前天晚上在广州,因为做亚残运会的志愿者,我们大学的几个同学,即使很晚,也要一聚,因为他们是你一生的朋友。

第一个,在大学里一定要珍惜、维系和发展那种一辈子很难遇到的集体的友情。舒婷有一句话叫:"人到中年,友情之树和头发的多少成正比,友情之树日渐凋零。"但是,在大学里面所结下来的同学情谊,可以贯穿一生。

我既不同意更不反对大学期间谈恋爱,但是千万不要丢掉大学四年在你这一生里无法复制的这种集体友情。即使你在谈恋爱,也要融入集体当中,去分享那种骑十几公里或几十公里自行车去踏青,一帮人昏天黑地地打牌,考试前一起临阵磨枪的这样一种记忆。

第二个,在大学期间一定要锤炼自己非常坚强的心理素养。我们总谈一个人业务素质很高、身体素质很好，但我衡量一个人经常是用心理素质去衡量，一个心理素质足够强的人才可能成功。在大学的时候你会面对失败吗？你学会面对成功吗？我工作这么多年，回头去看，是有一颗还比较强大的心脏帮了我足够多的忙。我也有机会看年轻人的成长，有的时候会很好奇，哪些人更容易成功，而哪些人不可以。到最后就发现，心理素质足够强的人容易成功。因为打击对于心理素质不好的人，会演变成一种自卑、压抑；对于心理素质足够强的人，反而越挫越勇。拥有一颗还算强大的心脏，这是将来走向社会的必备条件，而不是你可以选择的条件。

（挤在会场外面的人太多，白岩松中断演讲问："外面还有多少人？如果你们愿意，台上可以容纳三百多人，大学应该不拘一格。"结果外面听众欢呼涌入，讲台上坐满了人）

第三个，大学期间一定要学会用脑子开始思维。我们走进大学校园的时候，跟同龄人是没有区别的，是什么让你们在4年后发生了很大的区别？学校里专业的设置与其说是给你们专业知识，不如说让你们习惯用专业的思维方式去观察这个世界。大学毕业后，我已经习惯了用新闻人的眼睛去看待这个世界；我有的同学学法律，他们已经学会用法律人的眼光去看待这个世界；而学理工科的同学，会用理工科的方式去看待这个世界。

人的收入和社会地位跟什么成正比呢？跟你的不可替代性是成正比的。不可替代性强，获取自己更加稳定的位置和向前进的速度就更快，但如果你随时可以被替代就很难。我们有的人工作非常辛苦，但是一个月挣的工资很低。比尔·盖茨经常飞来飞去还打牌，却那么有钱。没办法，这个世界上只有一个比尔·盖茨。而很辛苦的那些工作，随便把我们拽过去培训不到一天，立即就可以从事那项工作，也就是不可替代性太弱。

不可替代性需要你拥有一个独立的人格和独立的思维方式，需要你做出与众不同的事情来。我们经常说我也能和别人一样，但你能做到别人无法和你一样吗？比如说，干新闻的，每天对我们的考验都是拥有独家新闻。但现在这个时代，新闻没有越来越强的独家占有的可能，拼的是什么？拼的就是在传播和发布新闻的当中，你的竞争性强吗，你的独特性强吗，你的思维和语言表达具不具备足够的吸引力。这就是挑战，这就是竞争，都跟思维方式有很大很大的关系。

第四个，学习、工作和未来之间的关系。我曾经见到一个年纪很小的孩子来实习，我问："校友？""校友，广播学院的。""几年级？""一年级。""从明天开始本单位不接受你实习，回去上课。"我当时还是有点小权力的，把他撵走了，我不能够接受刚上大学一年级的孩子就开始实习。你知道你要什么吗？你知道你需要填充什么吗？你不能够拥有一个系统的专业的训练，包括知识的训练、思维方式的训练的时候，实践对于你是没有意义的。

我知道现在有相当多的大学生心猿意马，总觉得要尽早地去实践，好像就跟未来的工作建立了关系；有相当多的学校大四的毕业实习和论文形同虚设。我们在上大学的时候，毕业实习是由学校统一安排的，并且毕业实习鉴定成为我们很重要很在意的东西。而现在很多的学校管理不严，导致学生毕业实习的时候是放羊的状态。如果我们的大学为社会提供的都是有残缺的作品，社会又怎么会这么放松地接纳你们呢？我想说的是，没有必要一开始，你的思维方式以及你的专业知识，都补充不够的情况下，就急于去实践。工作、婚姻、恋爱和成功都非常非常相似，它是一个自然而然的结果，过程做得好必有好结果。为什么不用去做好一个过程的方式，求得一定还不错的结果呢？

  第五个，你终将要面对社会，社会需要的并不是拿了就能用的成品，而是需要可成长、可进步、可学习的这种人。我多次参加过招聘，我从来不看他现在所达到的水准，我看的是他具没具有再生长的空间。我2003年招聘的时候，一个重要的条件就是没有看到过电视的优先，为什么？因为媒体会进入一个跨媒体的时代，你不会电视，我可以教你啊，但你仅仅会电视而不会其它，我如何教你呢？我不要求你来了立即就成为师傅，你可以是我的学生，但你将来有机会成为师傅。那批招进来的，新华社的有，报纸的有，各行各业的都有，其中也有一部分电视的。这些人现在是我们的中坚力量，而且非常好用。

  其次，我特别在意心理素养。我得知道这哥儿们抗打击能力强不强，这姐儿们是不是一有了挫折就给我哭。为什么柴静在一篇博客上说，白岩松有一天告诉我，你不要穿裙子上班。我是在悄悄地提醒她，你是一个新闻人！新闻人出差的地方，山崩、地震、矿难随时会发生。有一次，柴静来了以后，我告诉她，请赶紧回家，收拾行李，一个小时之后，西源机场起飞，青海地震。这个时候，对我们来说是没有性别概念的。所以，心理素质是非常非常重要的，莫斯科不相信眼泪，其实工作也不相信。另外，我衡量一个人的新闻素养，不仅仅是看他抗打击能力强不强，我还要看他抗表扬的能力也是不是足够强。有相当多的人不是折在挫折上，而是折在头一两次的成功上。头一两次的成功，飘飘然了，原本有一个还不错的上升空间，就被他自己给堵住了。

  此外，我当然是格外格外格外地看重一个人。有人问，你用什么数据来看一个人是不错？我凭直觉，我能感觉出，他是一个什么样的人。需要合作的时候，只有人格、人性相当不错的人，才有可能进入合作的团队当中，才可以激励别人，也被别人激励。所以做人是人一生中永远也无法改行的行业。

  时代不管怎么变迁，终归衡量人的标准变化不大。1993年我曾问过上海的一位哲学家，为什么现在的医学、科技等各方面的进步都如此之快，但人们仍然需要一二百年前的音乐去抚慰心灵？哲学家就回答了一句话：人性的进步是很慢很慢的。

  有一个人很逗地问过我，你既然没有发过邮件、打过电脑，你怎么就知道犀利哥呢？唉，我当时就特别同情这个朋友，我说这是一种什么样的思维方式呢？——非黑即白、非对即错、非好即坏。会打电脑固然可以，对我来说，我已经习惯了写字跟思维之间这种同步的速度。我之所以不打电脑，是因为我等不及我的脑子，它更快。

说到思维方式的时候，也要从一种传统中的禁锢中走出来，必须得改变"这人是好人，那人是坏人"的想法。温文尔雅的人依然会有不齿于展现在大众面前的怪癖，你亦如此。要不把每一个青年成长的过程，都告诉他们父母的话，父母会感觉到惊心动魄的。我从来没有告诉过我妈我偷着喝酒、抽烟、旷课等很多不好的事情，身边的人也都是如此。为什么我们都这样了，还要去衡量别人百分之百的好还是百分之百的坏呢？

最后一个，我想跟大家分享的是，离开大学校园，我们要带着什么去走向社会呢？上大学的时候，我与你们一样，都浪漫地憧憬着大学生活，大学之所以美好是因为我们有这样的梦想。但是当你真正走进生活的时候，你会发现幸福的事是百分之五，痛苦的是百分之五，剩下的百分之九十都是平淡的，日复一日。而聪明人会善于把这百分之九十的平淡转化为幸福，不聪明的人会善于把这百分之九十的平淡往痛苦那靠。

我给你描述一个婚后的状态：老公在那儿拿着遥控器看报纸；夫人在那儿织毛衣，偶尔看下电视；孩子在那儿写作业，一晚上没多少话。一会儿泡完脚说，睡吧。我问这种状况怎么样？很多大学生说，快离了吧。但是，我想告诉你的是，对于相当多的四五十岁的人来说，这是能想象的一种最幸福的生活。生活不会是天天放礼花的，礼花之所以好看是偶尔放一下，天天放的话，受不了。

前两天公布了一个中国人的婚恋状况报告，说百分之七十的女性要求对方必须有房，希望对方有房才能结婚，男性百分之五十。我觉得百分之百的女性都希望有房，而现实生活中，不会百分之百的男人都有房。不会，中国永远都做不到。那么中国的女性都单身了吗？(全场大笑)人们总会因为一些其他的因素而结合的，就像我跟我的夫人也是在居无定所、前景不明朗的时候结合的，但是那是我们最幸福的时光。非常简单去想，就能够把平淡过成不平淡的滋味。其实我绝大多数的时间极其平淡，报题、想选题、看报纸、做直播，然后回家，大致如此。生活就是这样，只有做好了迎接平淡的准备，才有可能创造属于你自己的辉煌；如果认为生活都该是辉煌的，那就注定平凡。有很多人问我，白岩松你是不是现在成功了呢？我一直都喜欢跳高，但并不是我擅长跳高，而是因为它像人生的一种比喻。你有没有发现跳高的一个特点：越过了一个高度，就一定要摆上新的高度。即使当所有的竞争对手都没了，他已经是冠军了，他一定要再升一厘米，过了他就会还要再升，也就是说，他一定要以最后一跳的失败来宣告自己的成功。我觉得这太像人生了，人最理想的一辈子，就是以最后一跳的失败来宣告自己的成功！

很多人在说，现在年轻人不容易。我非常理解，全社会应该关爱你们，但是，不必溺爱。有人说，我们现在买不起房子，我们太痛苦了。谁说二十七八岁的人就可以买得起房子了？日本等国家一般是四十来岁才可能拥有自己比较稳定的住房，中国人就非常性急。本人拥有自己第一套房子的时候，都32岁了，是在租了八年的房子之后，连我们的孩子都是在流浪的路途中生的。你说，哪一代人的青春容易？没有一代人的青春是容易的！

我们在上大学的时候流行的一首诗的第一句就是"21岁我们走出青春的沼泽地"。可见，大家也正在沼泽地里。所以，去放大青春中那些最美好的东西，去享受这个日子，把平淡的日子往幸福那靠；所以，期待你们的将来。

第二章　超级幽默术为生活添色彩

一、幽默离不开智慧

幽默不是老老实实的文字，它是运用智慧、聪明与种种搞笑的技巧，使人读了发笑、惊异或啼笑皆非，并从中受到教育。幽默不仅是智慧的迸发，善良的表达，它更是一种胸怀、一种境界。正如作家王蒙所说："幽默是一种成人的智慧，一种穿透力，一两句就把那畸形的、讳莫如深的东西端了出来。既包含着无可奈何，更包含着健康的希冀。"

幽默不是油腔滑调，也非嘲笑或讽刺。正如有位名人所言：浮躁难以幽默，装腔作势难以幽默，钻牛角尖难以幽默，捉襟见肘难以幽默，迟钝笨拙难以幽默，只有平等待人、从容超脱、游刃有余、聪明透彻才能幽默。

著名作家林雨堂说："幽默愈幽愈默而愈妙。"

拿喝茶来说。在最好的茶的品类里，无论是西湖龙井，还是铁观音、碧螺春，都是刚喝的时候好像不觉得有什么特别的好味道，静默几分钟后才品味出茶中"只可意会，不可言传"的妙处。若有人因为铁观音的味道不太强烈，先加牛奶再加白糖，那只能说他不会喝铁观音。幽默也是雅俗不同，愈幽而愈雅，愈默而愈俗。幽默虽然不必都是幽隽典雅，然而从艺术的角度来说，自然是幽隽的比显露的更好。幽默固然可以使人隽然而笑，失声哈哈大笑，甚至于"喷饭""捧腹"而笑，而最值得欣赏的幽默，却是能够使人嘴角轻轻上扬的微笑。

钱钟书的《围城》中，这样描述过一个场景："甲板上只看得见两个中国女人，一个算不得人的小孩子至少船公司没当她是人，没有让她父母为她补买船票。"

在描写这个场景的时候钱钟书先生违背了人们正常的思维模式，造成了"人们心理期待的扑空"。"算不得人的小孩子"，人们期待的是从年龄上说明，而作者却从船公司没记让她补票的角度揭示，这种揭示出人意料却又合情合理，幽默的意味溢于言表。

幽默是一种智慧的表现，它必须建立在丰富知识的基础上。一个人只要有审时度势的能力、广博的知识，就能做到谈资丰富，妙言成趣，从而做出恰当的比喻。因此，要培养幽默感必须广泛涉猎，充实自我，不断从浩如烟海的书籍中收集幽默的浪花，从名人趣事的精华中攫取幽默的宝石。

这里再列举一个钱钟书先生的例子。他曾写过这样一段文字："晚清直刮到现在的出洋热那股狂风并非一下子就猛得飞沙走石，开洋荤当初还是倒胃口的事……"

这里把抽象的"社会风气"的"风"比喻为自然现象中的"风"，只有这样才能刮得飞沙走石，既形象又风趣，没有大张旗鼓地幽默，但是幽默的味道早已从字里行间显露无遗。

培养机智、敏捷的洞察力，是提高幽默的一个重要方面。只有迅速地捕捉事物的本质，以恰当的比喻、诙谐的语言，才能使人们产生轻松的感觉。当然在幽默的同时，还应注意，重大的原则总是不能马虎，不同问题要不同对待，在处理问题时要极具灵活性，做到幽默而不俗套，使幽默能够为人类精神生活提供真正的养料。

二、寓智慧于幽默之中

幽默是智慧的产物。如果把幽默比拟成一个美人,她应该是内涵丰富、艳若桃花、气质如兰的,她应当能给人带来愉悦的享受。她比滑稽更有气质,也更加耐人寻味。

司马迁在《史记·索引》中曾经把"滑稽"解释为"能乱同异",即通过巧妙的联想,把客观事物之间的"三分之一或四分之一相似转变为全部相等"。这种"化异乱同"或者偷换概念就能造成一种"机智的幽默"。

一位少妇对他的丈夫说:"亲爱的,住在咱们家对面的那个男的,总是早上出门前吻他的妻子,晚上回家一进门也是先吻她。难道你就不会这样做吗?"

丈夫回答道:"当然可以,不过我跟她还不是太熟。"

这个聪明的丈夫巧妙地把自己的妻子换成了对门的少妇,偷换了概念,在不经意间显露出机智的幽默。

违反人们正常思维规律,对事物进行巧妙的解释,或者说出人们意想不到的大实话,都会很好地达到风趣的幽默效果。

一位顾客在一家餐厅吃饭,米饭中的沙子很多,顾客把它们一一挑出来放在桌子上。服务员见此情景很抱歉地说:"都是沙子吧?"顾客摇摇头,说:"不,也有米饭。"

顾客巧妙地回答,利用违反常人的思维模式,轻松自然地造成了幽默和讽刺的效果。

一个衣衫褴褛的人蹲在积水只有五厘米深的水坑前钓鱼,所有经过的人都认为这个人是个傻瓜。其中一位路过的人不禁动了怜悯之心,他和蔼地对钓鱼的人说:"喂,你愿意和我喝一杯吗?"钓鱼的人高兴地接受了他的邀请。他们喝了几杯饮料之后,这个人问钓鱼的人:"你在钓鱼,是吗?""是的。""那今天上午你钓到几条鱼呀?""算上你,已经有八条了。"

看似愚蠢的行为却隐含着戏谑的动机,一旦真相大白之后,自然令人捧腹。

机智的幽默含蓄而又婉转;锋利而又忠厚,让人觉得尖利而又不鲜血淋漓;热辣而又不至灼伤。机智的幽默不是哗众取宠,而是一种乐观的人生态度,它使人在逆境中也能乐观面对现实,在顺境中感到忧患。

三、善谈者必善幽默

幽默是一个人的学识、才华、智慧、灵感在语言表达中的闪现,是一种"善于捕捉笑料和诙谐想象的能力",是对种种不协调及不合理的荒谬现象、偏颇、弊端、矛盾实质的揭示和对某些反常规言行的描述。

在通常情况下,真正精于谈话艺术的人,其实就是那些既善于引导话题,同时又善于使无意义的谈话转变得风趣的幽默者。这种人在社交场上往往如鱼得水,左右逢源,可算作社交谈话中的幽默大师。单调的谈话令人生厌,因此,善谈者必善幽默。但这种幽默,并不意味着对一切事物都可以拿来打趣。例如，关于宗教、政治、伟人以及关于某种令人同情的痛苦等，都是绝不能加以取笑的。在有的人看来，如果说话不够幽默，便不足以显示自己的聪明，这种想法又不免有些偏激。

美国心理学家保尔·麦基认为，幽默感对于人的社交能力的发展起着举足轻重的作用。

与幽默家在一起好比读一本好书，受益无穷，得乐无限。

有一次，温斯顿·邱吉尔的政敌阿斯特夫人对他说："温斯顿，如果你是我的丈夫，我会把毒药放在你的咖啡里。"

邱吉尔笑笑说："夫人，如果我是你的丈夫，我就会把那杯咖啡喝下去。"

这里，邱吉尔用巧妙的回答以牙还牙地讽刺了政敌的攻击，没有直面冲突，用温婉而又有力的幽默给了对方教训。这是值得我们每一个人学习的说话技巧，甚至是做人的技巧。

幽默语言可以使我们内心的紧张和重压释放出来，化作轻松的一笑。在沟通中，幽默语言如同润滑剂，可有效地降低人与人之间的"摩擦系数"，化解冲突和矛盾，并能使我们从容地摆脱沟通中可能遇到的困境。

在社交中，谈吐幽默的人往往取胜，没有幽默感的人往往会失败。在交际场合，幽默的语言极易迅速打开交际局面。

善于谈话的人，有时候为了需要常拿自己开开玩笑。美国著名律师迪特就是一位善于拿自己开玩笑的人。

有一次，哥伦比亚大学校长在他登台演说时，先将迪特介绍给听众："他算得上是我国第一位公民！"迪特似乎可以立刻抓住这个难得的机会，大模大样地开着玩笑说："诸位静听，第一位公民要开始演讲了。"但是他如果真那样做，便是一个没有人瞧得起的傻瓜。

那他该如何说呢？他不仅要利用这个介绍词幽默一下，并且还要从中获得听众的好感。他说："刚才校长先生说的一个名词，我起初有些听不太懂。第一位公民——是指什么呢？现在我才想到，大概他是指莎士比亚戏剧中常常提到的公民。校长先生一定是研究莎氏戏剧极有心得的人，他替我介绍时，一定又在想到他的莎氏戏剧了。诸位听众一定知道莎士比亚是常常把许多公民穿插在他的戏剧中，这些配角每人所说的话大都只有一两句，而且多半是毫无口才、没有高明见识的人。但他们差不多都是好人，即使是第一第二的地位交换一下，也根本不会显示有何不同之处。"

话未说完，台下便响起潮水般的掌声。

生活中如果我们能够多运用些幽默智慧的语言，真的能够使我们身心健康、人际顺畅，我们的人生则到处充满了喜悦与新鲜！

四、幽默的至高境界

事事都求"自然天成"，幽默也是如此。有准备的幽默当然能应付一些场合，但难免有人工斧凿之嫌；临场发挥的幽默才更为技巧，更见风致。

1975年，在巴黎大学的博士论文答辩会上，法国主考人向陆侃如先生提了一个奇怪的问题："《孔雀东南飞》这首诗中，为什么不说'孔雀西北飞'？"陆侃如应声答道："西北有高楼。"

他巧妙地利用《古诗十九首》里的句子"西北有高楼，上与浮云齐"作为孔雀东南飞的理由。面对刁问能机智作答，其才智令人惊叹。

幽默不是深思熟虑的产物，而是机趣自然的结晶，往往与快捷、奇巧相连。

开往日内瓦的列车上，列车员正在检票。一位先生手忙脚乱地寻找自己的车票，他翻遍所有的口袋，终于找到了。他自言自语地说："感谢上帝，总算找到了。"

"找不到也不要紧！"旁边一位绅士说，"我到日内瓦去过二十次都没买车票。"

他的话正巧被站在一旁的列车员听到，于是列车到日内瓦车站后，这位绅士被带到了拘留所，受到审问。

"您说过，您曾二十次无票乘车来到日内瓦。"

"是的，我说过。"

"您不知道，这是违法行为？"

"我不这么认为。"

"那么，无票乘车怎么解释？"

"很简单，我是开着汽车来的。"

这位先生真是有"把稻草说成金条"的本事。无可非议，他是无票乘车者，但他能巧妙地运用幽默为自己开脱，列车员能拿他怎么办？

临场发挥是一种技巧，更是一种心智，它需要我们有冷静的头脑，保持从容镇定，不慌不忙。在各种晚会、文艺演出中，许多主持人、演员临场应变，妙语惊人，给晚会欢乐气氛推波助澜，也赢得了观众的掌声和喜爱。

临场幽默贵在及时发现并抓住"触媒"，由此巧妙联想，得体发挥。

一位演员唱乐亭大鼓时，鼓板没打几下，那鼓砰然落地，观众哗然。主持人利用演员弯腰捡鼓的时机亲切地说："诸位，今儿个节目是临时加的，这位演员没来得及带自己的鼓，用的是别人的，看来这鼓有点认生。"

一句话缓解了紧张的气氛，让我们不得不对这位主持人心生佩服。

接下来，一位杂技演员表演《踩蛋》时，不小心脚下的鸡蛋被踩坏了一个，观众全然看见，演员很不好意思地又换了一个鸡蛋，主持人连忙打圆场："为了增加艺术效果，证实鸡蛋是真的，所以演员故意踩碎了一个给大家看。"不巧的是，主持人话音刚落，演员脚下又一个鸡蛋被踩碎了。观众马上转向主持人，这回看你怎么说。只见主持人无可奈何地叹了口气，说："唉，社会上的伪劣产品屡禁不绝，看来不抓不行了——连母鸡都生产劣质产品!"

如此的幽默风趣,如此的机智,令人钦佩,一时满座粲然。

第三章 交际技巧：让年轻的心没有阴霾

一、以幽默战胜自我

幽默研究学者张瑞君说:"如同树木需要阳光、空气、水,人需要幽默。幽默感是现代人应有的素质。"他还说:"对疲乏的人们,幽默就是休息;对烦恼的人们,幽默就是解药;对悲伤的人们,幽默就是安慰……"对于所有的人,幽默就是力量!

幽默是一种言语或行动,它不是刀枪剑棍、武林绝技,也不是排山倒海的兵力。它是智慧与知识的综合,在智慧之力、知识之力的辉映下,幽默也就具有化险为夷的魔力。当你处于四面楚歌的危急情境、处于受人非难的尴尬处境时,幽默能给你转败为胜的力量。

如何摆脱沮丧悲观、烦恼惆怅的不良情绪,使自己的精神家园阳光灿烂呢?重要的心理疗法就是一种"合理化"或"自我解嘲"式的幽默疗法。它要求人们对生活抱着幽默的态度;要求人们淡化苦难、苦中求乐;要求人们在失望时看到希望;要求人们"猝然临之而不惊,无故加之而不怒",保持一份平和心境。做到了这些,你的精神之树就会常青,你心中的信念长城就不至于颓然倒地。完全可以说:幽默可以给人们的精神家园以强大的支撑力,使人们在苦乐交加、曲折变幻的人生道路上百折不挠,享受到真正的人生价值。

生活当中,赞扬需要幽默,指责更需要幽默,幽默能使指责传达善意。如果双方发生了分歧意见,其中之一的当事人撇开严肃的态度以幽默的语言来暗示责备,而不至于伤害人,那么即使是调侃式的、半宽容的幽默语言也能正确无误地表达出责备,以达到不至于伤害对方的目的和作用。其原因就在于,幽默传达给对方后,对对方产生作用的不完全在于这是些什么话,很大因素在于你的幽默给了对方一种什么样的感觉。显然,真诚的、善意的幽默即使传达出责备的信息,通常情况下是不会引起反感的。而一本正经的批评指责,则会引起对方的反感,造成矛盾升级。

在死亡面前,丘吉尔幽默地说:"我已经准备好去见上帝,可上帝准备了什么来见我呢?"

法国革命家丹东就义前大声喊道:"把我的头拿去吧!我的头是值得一看的。"

美国小说家欧·亨利临终前则说:"把灯全点上吧,我不想在黑暗中老去。"

面对死亡,这些智者尚且能保持一份超然、幽默的头脑,这该是多么非凡的气度啊!

苏联学者阿诺欣院士说:"我们应该学会用幽默锻炼我们的情感,就像锻炼肌肉一样。"契诃夫也曾告诫人们:"朋友,要是火柴在你的衣袋里烧起来了,那你应当高兴,而且感谢上帝,多亏你衣袋里不是火药库。要是你手指头扎了一根刺,那你应当高兴,挺走运,多亏这根刺不是扎在眼睛里……"美好的精神家园,不妨用幽默去支撑!

二、教你告别社交恐惧

在我们周围,有的青少年朋友讨厌面对人群或是害怕面对人群,他们不只是觉得害羞、不好意思,而是对自己以外的世界有着强烈的不安感和排斥感。这种对社交生活和群体的不适应而产生的焦虑和社交障碍称作社交恐惧症。

社交恐惧症是一种精神上的疾病，但是同自己个性上的内向、害羞而苦恼和真正患了社交恐惧症是不一样的，社交恐惧症的人通常对群体的看法都是很负面的，除了几个亲近的人之外，他们很难和外界沟通，这些人无法主动走出自我的世界，也不愿意加入人群。

这些人在人多的地方会觉得不舒服，担心别人注意他们，担心被批评，担心自己格格不入。有轻微恐惧症的人可以正常地生活，严重的话会造成生活上的障碍，导致无法正常求学。

社交恐惧症已经是在忧郁症和酗酒之后排名第三的心理疾病，而且因为现在青少年面临的学习压力越来越大，所以罹患的人数有越来越多的趋势。那么，青少年朋友，我们该如何才能知道自己是否患了社交恐惧症呢？这里给你指出以下三点来做自我检测：

（1）你会因为害怕而在别人面前害羞或不好意思，进而不和他人说话或不愿意做某些事情吗？

（2）你不愿意成为别人注意的焦点吗？

（3）你害怕别人觉得你愚笨或担心看起来很害羞吗？

如果以上三点中你有其中两点情形的话，就有可能是患了社交恐惧症；如果这些情形已经让你想躲在家里，不愿意和任何陌生人接触，你可能就需要接受咨询或治疗了。当然，如果你真的患有社交恐惧症，你也不要认为这是一种危险的"疑难杂症"，只要你掌握了正确的改变方法，就又变成了能言会道的阳光青少年！

我们一起来看下面的这个故事。

某中学初二一班的唐斌是个性格有些内向、自卑的男孩。平时，他最害怕当众讲话，怕讲不好而丢人、出丑。不管是跟老师、同学交流，还是在课堂上回答问题，都会感到莫名其妙的紧张，脑海里时常一片空白，说起话来语无伦次。

慢慢地，唐斌患上了社交恐惧症，害怕与人交流的烦恼就像阴雨黑云一样时刻笼罩在他的心头挥之不去。这不仅让他的心情十分糟糕，还严重影响了他学习的积极性，期末考试时他有多门功课都挂了"红灯"。

唐斌常常在心底骂自己不争气，也想努力改变自己，可是无论怎样努力，情况依然得不到改善。他无计可施，只好在语文老师上完一堂"交际与口才"的课后，向老师求助。

他把自己遇到的烦恼一五一十地告诉了老师，问道："老师，我遇到的这些问题是不是一种心理障碍呀，有没有什么好办法可以改变？我太痛苦了，您一定要帮帮我！"

语文老师沉吟了一下，告诉他说："老师很理解你现在的心情。的确，和他人讲话心生胆怯、语无伦次是十分难堪的事情，这确实是一种交际的心理障碍，不过，这并不是无法克服的难题，你这种情况是可以通过心理素质训练得到改善的。"

接着，老师告诉唐斌，对陌生人讲话或当众发言时，可以先做几次深呼吸，使呼吸与心跳趋向正常。或者在登台之前，先对着镜子修饰一下自己的外表，接着自信地凝视自己的形象大声说几遍："我今天一定能成功!"然后精神焕发地准备登台。上台后也不要急于开口，扫视全场，待静场后再开始讲话。

听了老师的话，唐斌每天都按照老师说的方法进行练习，几个月后，唐斌果然变得在学校敢说、敢唱，人也变得开朗了，在期末的考试中，各科成绩都获得了不错的分数。

如此说来，如果我们不幸患上社交恐惧症，只要我们运用正确的纠正方法，也是能很快走出这种交际困境的。这里，再告诉你一些告别社交恐惧症的妙招。

第一招：呼吸规律。

事实证明，当我们情绪紧张或者过于羞怯的时候，呼吸会变得很急促，非常不规律。因此，在社交中，当我们紧张的时候，要强迫自己做数次深长而有节奏的呼吸，这样，可以使自己紧张的心情得以缓解，为建立自信心打下基础。

第二招：做些运动。

社交恐惧症的我们还可以做些克服羞怯的运动。首先，将两脚平衡站立，然后轻轻地把脚跟提起，坚持几秒钟后放下，每次反复做30下，每天这样做二三次，可以消除自己心神不定的感觉。

第三招：握着东西。

具有社交恐惧症心理的人，常常会出现紧张的情绪，为了摆脱这种状态，我们与别人在一起时，不论是正式还是非正式的场合，开始时不妨手里握住一样东西。对于害羞的人来说，手里拿着东西会让我们感到舒服和有一种安全感。

第四招：假设思维。

具有社交恐惧症心理的人，可以每天选择一些时间，让自己在一个假想的空间里，不断地模拟发生社交恐惧症的场景，不断练习重复发生症状的情节，然后自己再不断地鼓励自己面对这种场面，让自己从假想中适应这种产生焦虑紧张的心理。

第五招：不要畏惧。

为了克服自己的社交恐惧，我们必须学会毫无畏惧地看着别人，并且很专心。当然，对于一位害羞的人，开始这样做比较困难，但你非学不可。因为如果我们老是回避别人的视线，人家会觉得我们不尊重他，给别人造成不好的印象。

此外，我们还可以多看看书，读一点课外书籍、报刊，广泛地吸收各方面的知识，只有我们拥有了很多知识以后，在面对各种场合时，我们才能毫无困难地说出自己的观点。

青少年朋友，我们应该知道畏惧、怯场是当众讲话者的普遍心理。古今中外著名的政治活动家、演说家、论辩家，初登讲台时并不是都能一举成功的，甚至还有人出现过当众出丑、尴尬难堪的场面。这些紧张和恐惧其实是与自我评价有关的情绪反应，是自我意识所造成的。

在我们周围，有许多中学生都不同程度地存在这样的问题，当众讲话的第一步之所以难迈，主要是考虑自我过多，怕"我"丢人，怕"我"当众出丑。

其实，我们不必过于看重结果，只要我们不过分担忧，不太在乎别人的看法，多给自己鼓励与良好的心理暗示，我们就能增强自信心，消除畏惧、怯场的心理障碍，成为一个勇敢、快乐的阳光青少年。

三、对成绩和荣誉淡然处之

许多很有成就的人物都用他们的幽默语言，淡然对待荣誉，成为典范。

美国著名小说家福克纳在1949年获诺贝尔文学奖时的演说中说道："我感到这份奖金不是授予我个人而是授予我的工作的——授予我一生从事关于人类精神的呕心沥血的工作。我从事这项工作，不是为名，更不是为利，而是为了从人的精神材料中创造出一些从前不曾有过的东西。因此，这份奖金只不过是托我保管而已。为这份奖金的钱找到与奖金原来的目的和意义相称的用途并不难，但我还想为奖金的荣誉找到承受者。"

居里夫人的女友到家做客，忽见她的小女儿正拿着英国皇家协会刚奖给她的一枚金质奖章玩，不禁一惊，忙问："居里夫人，这样一枚极高荣誉的奖章，你怎么能给孩子玩呢？"居里夫人却笑了笑说："我是想让孩子们从小就知道，荣誉就像玩具，只能玩玩而已，绝不能永远守着它，否则就将一事无成。"

这正体现出契诃夫说的："对自己不满足，是任何真正有天才的人的根本特征。"

鲁迅先生也曾说过一句名言："哪里是什么天才呢，我连别人喝咖啡的时间都要用在了我的工作上。"

这些名人、伟人，由于他们都以幽默的力量、淡泊的态度来对待自己的荣誉，故他们的形象在人们的脑海中是永不磨灭的。

黄先生在一家大企业公司负责秘书科的工作，颇有成绩。前不久，他所在的原公司与另一公司合并，而他却在人事变动的波浪中沉浮不定。新的同事对他了解不多，因此同事之间冷淡如水。直到有一天，黄先生运用了幽默的力量，才改变了人际关系。他说道："他们不敢把我革职。"接着，他又解释说："因为凡事我都远远落在人后。"大家听着都开怀地笑了。就这样，黄先生对自己过去的成绩和荣誉淡然处之，仍取笑自己，使新同事和他一起笑，帮助他与同事们建立友善、合作的关系。

第四篇

领导口才——成为万众瞩目的焦点

领导是团队的灵魂,领导是单位的骨干,领导是企业的精英,领导是激励手下的核心人物,也是决定企业胜败的关键因素。其特殊位置决定了领导必须具有较高的技能与素质。而在这些综合素质中,口才艺术是重中之重。领导者口才的优劣,直接决定着管理工作的成效。

好口才是人际交往中左右逢源的"魔法石",是仕途上平步青云的"护身符",是打开上级心灵的"金钥匙",是获得下属拥护的"如意棒"。口才好,小则可以欢乐,大则可以兴国,话说得不好,小则可以招怨,大则可以招致危险。

第一章 沟通艺术:沟通是领导口才的精髓

一、沟通力是一种关键能力

面对现在日益复杂的社会关系，我们希望自己能够获取和谐、融洽、真诚的家庭关系、朋友关系、同事关系以及上下级关系，在激烈的市场竞争中，我们希望自己能够锻造出一支上下齐心、精诚团结的企业团队；我们希望自己的企业能够生存在一种良好的外部环境中，能在与顾客、股东、上下游企业、社区、政府以及新闻媒体的交往中，塑造出良好的企业形象等。

上述问题的答案可能是由一系列相关的要素所构成的，但是，其中沟通是解决一切问题的基础。沟通不是万能的，但没有沟通却是万万不能的。

沟通甚至可以决定生与死的命运！

1990年1月25日发生的事件恰恰证明了上述看似有些骇人的观点。那一天，由于阿维安卡52航班飞行员与纽约肯尼迪机场航空交通管理员之间的沟通障碍，导致了一场空难事故，机上73名人员全部遇难。

1月25日晚7点40分，阿维安卡52航班飞行在南新泽西海岸上空11277.7米的高空。机上的油量可以维持近两个小时的航程，在正常情况下飞机降落至纽约肯尼迪机场仅需不到半小时的时间，这一缓冲保护措施可以说十分安全。然而，此后发生了一系列耽搁。首先，晚8点整，肯尼迪机场管理人员通知52航班由于严重的交通问题他们必须在机场上空盘旋待命。

晚8点45分，52航班的副驾驶员向肯尼迪机场报告他们的"燃料快用完了"。管理员收到了这一信息，但在晚9点24分之前，没有批准飞机降落。在此之间，阿维安卡机组成员再没有向肯尼迪机场传递任何情况十分危急的信息，但飞机座舱中的机组成员却相互紧张地通知他们的燃料供给出现了危机。

晚9点24分，52航班第一次试降失败。由于飞行高度太低以及能见度太差，因而无法保证安全着陆。当肯尼迪机场指示52航班进行第二次试降时，机组成员再次提到他们的燃料将要用尽，但飞行员却告诉管理员新分配的飞行跑道"可行"。晚9点32分，飞机的两个引擎失灵，1分钟后，另两个也停止了工作，耗尽燃料的飞机于晚9点34分坠毁于长岛。

当调查人员考察了飞机座舱中的磁带并与当事的管理员交谈之后，他们发现导致这场悲剧的原因是沟通的障碍。为什么一个简单的信息既未被清楚地传递又未被充分地接受呢？下面我们针对这一事件作进一步的分析。

首先，飞行员一直说他们"燃料不足"，交通管理员告诉调查者这是飞行员们经常使用的一句话。当被延误时，管理员认为每架飞机都存在燃料问题。但是，如果飞行员发出"燃料危急"的呼声，管理员有义务优先为其导航，并尽可能迅速地允许其着陆。一位管理员指出，如果飞行员表明情况十分危急，那么所有的规则程序都可以不顾，我们会尽可能以最快的速度引导其降落的。遗憾的是，52航班的飞行员从未说过"情况紧急"，所以肯尼迪机场的管理员一直未能理解到飞行员所面对的真正困境。

其次，52航班飞行员的语调也并未向管理员传递燃料紧急的严重信息。许多管理员接受过专门训练，可以在各种情境下捕捉到飞行员声音中极细微的语调变化。尽管52航班的机组成员相互之间表现出对燃料问题的极大忧虑，但他们向肯尼迪机场传达信息的语调却是冷静而职业化的。

最后，飞行员的文化和传统以及机场的职权也使52航班的飞行员不愿意声明情况紧急。正式报告紧急情况之后，飞行员需要写出大量的书面汇报。另外，如果发现飞行员在计算飞行过程需要多少油量方面疏忽大意，联邦飞行管理局就会吊销其驾驶执照。这些消极因素极大阻碍了飞行员发出紧急呼救。在这种情况下，飞行员的专业技能和荣誉感甚至可以用机上70多条人命作为赌注。

二、提高沟通能力的技巧

真正有效的沟通，并非一日之功。以下技巧有助提高沟通能力，解决沟通中碰到的难题，使每次沟通富有成效。

1. 妥善处理期望值

要想消除双方期待值之间的差异，一种途径是订立业绩协议。员工与企业签订的业绩协议可使双方明确彼此的期望和要求，帮助设计双方都能达到的目标，并且定期评估协议以确保双方的目标和要求都能得到实现。

另一种途径是清楚说明你的期望。这样，能否达到你的期望，对方有责任向你说明。这种做法可以使你根据需要对自己的期望做些有效调整，预先消除可能出现的伤害和失望感。

2. 培养有效聆听的习惯

人们之间的沟通充满变数（如自己和别人的谈话及聆听风格等），因而既复杂又具挑战性。设身处地是成功沟通的一个关键因素。

聆听，但不要受别人情感的感染。别人有难处时，应设身处地理解别人，但不能为这种情感左右。必须为自己留点精力去做自己的事。记住，不要做一块海绵，什么都予以吸收。

3. 坚持诚实

有时，实话实说的确伤人。但诚实最终能增加建立稳固长久关系的机会。因此，诚实非常重要。如果有什么事烦扰你，尽量直接说出来，以免小事化大更难处理。

4. 有创意地正面交锋

所有其他方式都行不通时，唯有正面交锋。这也是摆平各方、理顺头绪的一个机会。如果不愿正面对垒，不要因为害怕而逃避，要理直气壮。当然有的时候，借故避开不失为最明智之举。

5. 对失误不必耿耿于怀

沟通中出现失误，让你失望或受到伤害，不要挂在心上。不妨自问一下，想不想背上这包袱？自己能从中得到什么？一旦尽心尽力地澄清了沟通中出现的失误，就要为自己付出的努力骄傲，该过去的让它过去。一番心血没有白费，心中巨石落地，该高兴才是！

三、沟通是领导工作的浓缩

沟通是管理的常用方法，也是诸多问题的症结所在。如果沟通做好了，将在很大程度上帮助你处理人际关系，完成工作任务，达到绩效目标。相反，如果沟通不好，则可能会生出许多你意想不到的问题，造成管理混乱，效率低下，甚至员工离职问题。一旦你掌握了沟通的技巧并能熟练运用，你将会把工作当成一件快乐的事情。因此，现代管理者要保持沟通之心，让沟通成为你的工作利器，实现在快乐中工作。

英国管理学家L·威尔德说："管理者应该具有多种能力，但最基本的能力是有效沟通。"

一个有经验的管理者、一个高效的管理者，一定是优秀的沟通者，他们深知发挥领导力和影响力的主要途径是人际沟通和互动。

俄亥俄州的奈尔斯坐落着美国钢铁和国民蒸馏器公司的子公司 RMI，该公司生产多种铁制品。多年来，公司的工作效率低下，生产率也上不去。

自从大吉姆·丹尼尔到这里担任总经理后，情况就发生了变化。大吉姆没有什么特殊的管理办法，他只是在工厂里到处贴上标语。

"如果你看到一个人没有笑容，请把你的笑容分给他。"这些标语下面都签有名字"大吉姆"。

公司还有一个特殊的厂徽：一张笑脸。在办公用品上，在工厂的大门上，在厂内的板牌上，甚至在员工的安全帽上都绘有这张笑脸。这就是美国人所称的"俄亥俄的笑容"。《华尔街日报》称其为"纯威士忌酒——柔情的口号、感情的交流和充满微笑的混合物"。

大吉姆自己也总是满面春风。他向人们征询意见，喊着员工的名字打招呼，全厂2000名员工的名字他都能叫得出来。他还让工会主席列席会议，让他知道工厂的计划是什么。

结果，只用了3年时间，工厂没有增加1分钱的投资，生产率却惊人地提高了近8%。

在这里，一张笑脸、称呼员工的名字、征询意见、让工会主席列席会议，都成为沟通的有效手段，并产生了良好的效果，企业也因此而得到了惊人的改变。

沟通首先是一种态度，当你注重沟通，你才会屈尊下驾，千方百计地找到相应的沟通方式，真诚而体贴地去跟下属和员工进行沟通，去达成共识，形成发展的合力。

美国沃尔玛公司前总裁萨姆·沃尔顿说过："如果你必须将沃尔玛管理体制浓缩成一种思想，那就是沟通。因为它是我们成功的真正关键之一。我们以许多种方式进行沟通，从星期六早晨的会议到极其简单的电话交谈，乃至卫星系统。在这样一家大公司实现良好沟通的必要性，是无论如何强调也不过分的。"

事实的确如此，萨姆·沃尔顿就坚持跟员工保持沟通，为此他经常对沃尔玛商店进行不定期的视察。这使他成为深受大家敬爱的老板。他一方面通过沟通发现问题，另一方面也乘机挖掘人才，让他们去做合适的事。因此，常有这样的情况，他给业务执行副总经理打电话说："让某人去管理一家商店吧，他能胜任。"业务经理要是对此人的经验等方面表示出一些怀疑，他就会说："给他一家商店吧，让我们瞧瞧他怎么做。"因为他在沟通中已经了解了这个人的能力。

沟通是管理的浓缩，可见沟通对于管理的重要性。战略计划的制定离不开沟通，运营计划的执行离不开沟通，选人用人也离不开沟通。

有团队、有管理，就必然需要沟通，唯有沟通才能减少摩擦、化解矛盾、消除误解、避免冲突，发挥团队和管理的最佳效能。

四、沟通让上下精诚合作

春秋战国时期，耕柱是一代宗师墨子的得意门生，不过，他老是挨墨子的责骂。有一次，墨子又责备了耕柱，耕柱觉得非常委屈，因为在众多门生之中耕柱是公认的最优秀的人，但又偏偏常遭到墨子指责，让他很没面子。一天，耕柱愤愤不平地问墨子："老师，在这么多学生当中，我难道竟是如此的差劲，以致于要时常遭您老人家责骂吗？"墨子听后毫不动肝火："假设我现在要上太行山，依你看，我应该用良马来拉车，还是用老牛来拖车？"耕柱回答说"再笨的人也知道用良马来拉车。"墨子又问："那么，为什么不用老牛呢？"耕柱回答说："理由非常简单，因为良马足以担负重任，值得驱遣。"墨子说："你答得一点也没有错，我之所以时常责骂你，也只因为你能够担负重任，值得我一再地教导与匡正你。"

这则故事给我们以深刻的启示：

首先，沟通是双向的。管理者不但要打通自上而下的沟通渠道，还要打通自下而上的沟通渠道，让沟通得以双向进行，沟通才能真正顺畅，才会取得良好的效果。故事中的耕柱在深感不平的情况下并没有采取消极抗拒，甚至远走他方，而是主动积极找墨子沟通。而墨子也没有丝毫推诿，积极地配合耕柱的沟通，两人都敞开心扉，说出了自己的心里话，从而使师徒之间消除了不必要的误会，相互之间感情更加深厚。

其次，企业应该拥有良好的沟通文化，从上到下都重视沟通。如果一个企业不重视沟通管理，大家都消极地对待沟通，长期下去就会导致形成一种"无所谓"企业文化。员工对什么都无所谓，既不找领导，也不去消除心中的不满，管理者也对什么都无所谓，不去主动地发现问题和解决问题，这样的企业也就没有凝聚力可言。

松下幸之助说："企业管理过去是沟通，现在是沟通，未来还是沟通。"

小宏明天要参加小学毕业典礼了,怎么也得精神点把这一美好时光留在记忆之中,于是他高高兴兴地上街买了条裤子,可惜裤子长了两寸。吃晚饭的时候,趁奶奶、妈妈和姐姐都在场,小宏把裤子长两寸的问题说了一下,饭桌上大家都没有反应。饭后大家都去忙自己的事情,这件事情就没有再被提起。

妈妈睡得比较晚,临睡前想起儿子明天要穿的裤子还长两寸,于是就悄悄地一个人把裤子剪好叠好放回原处。半夜里,狂风大作,窗户"哐"地一声关上把姐姐惊醒,姐姐猛然醒悟到弟弟的裤子长两寸,自己辈分最小,怎么着也是自己去做,于是披衣起床将裤子处理好才又安然入睡。老奶奶觉轻,每天一大早醒来给小孙子做早饭上学,水未开的时候也想起孙子的裤子长两寸,马上快刀斩乱麻。最后小宏只好穿着短四寸的裤子去参加毕业典礼了。

沟通是管理的基础,是人与人之间交往的桥梁。有沟通,才有理解。沟通之于管理者,就像水之于游鱼、大气之于飞鸟。

沟通使企业成员心无间隙,在工作中精诚合作,成为最有创造和最有活力的组织。

五、沟通要"真诚"

沟通的基本任务是"以诚取信",增加彼此间的信任。

不论是管理者还是员工,每个人之间都要心如明镜,无论有任何不满和疑惑都要提出来及时沟通,只有这样彼此之间才能相互信任。一个信任的团体坚如磐石,不论面对怎样的困难都能齐心协力,同舟共济。

很多企业的管理者,只要企业内部产生意见分歧或发生冲突,他们总会把原因归结为"缺乏沟通"。缺乏沟通,当然是原因,但是缺乏沟通的原因又是什么呢?有人说主要是沟通技巧上的问题;也有人说是价值观上的问题,而心理学专家则认为:真诚是有效沟通的基础。

什么是有效沟通?有人说让员工接受公司的决定,就是有效沟通。否则就是无效。但是,大概所有的人都愿意在沟通中说服别人而不愿意被别人说服。在管理中,很多管理者都把"沟通"当作"说服"的代名词,因而,沟通中经常出现了"口服心不服"的问题。沟通的效果分为四类:一是心服口服,二是心服口不服,三是口服心不服,四是口不服心也不服。当然,每位管理者都希望达到"心服口服"的沟通效果。但是,如果用"说服"的心态来沟通,常常会以"口不服心也不服"的结局收场。沟通就是沟通,沟通不是说服。

沟通的基本任务是增进彼此间的信任关系。试想一下,假如沟通双方彼此疑虑重重,甚至心存敌意,即使一方说的是真理,对方也会认为是谬论。我们常常忽略这样一个重要现象:是与非,对与错,往往是由关系状态决定的。批评,在管理中时有发生。同样的错误,当被批评者信任批评者时,被批评者会对批评充满感激。反之,被批评者一定会对批评感到憎恨。没有信任的批评，是管理之祸。信任关系何来？从沟通中来。沟通能增进信任，但又不是所有的沟通都能增进信任，有效的沟通必须建立在真诚的基础上。否则，舍本逐末，事与愿违。如果企业中人人都能以诚待人，信任的气氛就会充满整个企业。

有位领导人曾经说过："与人说理，须使人心中点头。"因此，管理者在与员工沟通时，一定要真诚，循循善诱、步步引导、耐心商讨，让员工"心中点头"。

六、沟通要听"心"

墨家思想主张"尚同"即"上下同情"。最终的目的是把一个组织的不同意见统一起来，形成共有的价值观。为了达到这一目的，其前提在于上级与下级之间的充分沟通。

墨子指出："领导者管理政事，掌握了下面实情的就能得到治理，不掌握下面实情的就要引起混乱。"

东汉学者王符，进一步发展了"上下同情"的思想，提出"兼听则明，偏信则暗"的名言。

苹果公司一度面临经营上的困难，需要调整方向。当时，董事会新请来了一位以有战略眼光著称的首席执行官(CEO)。这位CEO刚来公司时，就告诉所有员工：

"不必担心，这家公司的境况比我以前从鬼门关里救回的那些公司好多了。给我一百天，我会告诉你们公司的出路在哪里。"

但是，这一百天里，他只和自己带来的核心团队一起设计公司的"战略计划"而从不倾听广大员工的心声。一百天后，他果然推出了新的战略计划，但是，公司员工对该计划既不理解也不支持，他自己的声望也开始走下坡路——因为员工觉得他虽然能干，但是很自大，不在乎员工的想法，所以员工们并不真正信服他，也没有动力去执行他提出的战略计划。

半年后，公司业绩继续下滑，这位CEO召开了一次全体员工大会。他不但不从自身找原因，反而在台上指着所有员工说："你们让我很失望，大家没有努力执行我的计划，今后，我绝不允许你们再犯类似的错误。"结果，这次大会后，他失去了大多数员工的支持，不久就被董事会解雇了。

后来，有人这样评价他："他以为他可以用智慧和经验改变公司的一切，他做了战略决定后就直接开始执行，却没有花时间寻求所有员工的支持。其实，他的战略方案不无道理，但他做事的方法是完全错误的——他不是一位懂得倾听、懂得理解的好领导。

沟通要听"心"。在大企业里，领导如果不悉心倾听员工的心声，就无法体现出企业对员工的尊重，有时候还会导致灾难性的后果。

谈话是沟通最常用也是最有效的手段，而谈话中"会听"比"会说"更重要。其实，沟通的主角不是语言，而是人和人，心与心。

杰克·韦尔奇说："真正的交流需要长时间地你看着我，我看着你，意味着多听少说……

就是说，人类通过旨在达成共识的不断交往过程中来最终了解和接受事物。"

因此，企业的管理者与员工之间应通过信息交流达到情感交流，由沟通达到心通。

第二章 激励艺术："高帽子"真的好使

一、对失败者给予肯定

在实际工作中，有些领导往往只看到了那些少数成功的下属，于是，便毫不吝啬地将自己所能想到的溢美之词全部赠送给了他们。但是，对于大多数也曾经辛勤的"失败者"，往往未加以重视，甚至忽略了他们的存在。这样久而久之，曾经失败过的员工也许就丧失了自信，没了斗志。如果你能适时鼓励一下或者表扬一下，他们肯定会重新恢复自信，找回自我。

古往今来，胜者为王，败者为寇，似乎成了亘古不变的真理。其实，这种所谓的"真理"往往是人们自身铸就的。成功者，是因为他们付出的汗水和心血比别人要多，因此，他们理应得到鲜花和掌声，这也无可非议。但是，那些失败落魄之人呢？他们一样也曾为了某个目标而艰辛地跋涉着。他们付出的并不比别人少，甚至比成功者还要多。但总是因为这样或那样不可预知的原因，屡屡与成功失之交臂，那么他们的付出，该不该得到回报呢？

成功的人不一定都有好口才，但拥有好的口才绝对有助成功。它能加速我们成功，能极大地提高我们成功的概率，有时候在非常关键的时刻，它起着决定性的作用。下面的这个故事，可以说明其中的道理。

古代有一个国王，一天晚上做了个梦，满嘴的牙都掉了。他找了两位解梦的人，国王问："满口牙怎么全掉了，到底是什么意思？"

第一个人说："国王，在您所有的亲属都死去以后，你才能死，一个都不剩。"

国王一听，心里非常不高兴。

第二个解梦人这样说："至高无上的国王，您将是您所有亲属当中最长寿的一位呀！"

同样的事情，两个人两种不同的说法。第一个解梦人把国王说生气了，龙颜大怒，打他100棍；而奖给第二位解梦人100个金币。为什么一个挨打，一个受奖？这就是口才的魅力！

古今中外，不少杰出的政治家、军事家都具有超人的口才，诸葛亮舌战群儒，拿破仑出征前的鼓动，丘吉尔战前动员，蒙哥马利的阵地演说，哪一个不是凭胆识过人、词锋犀利取得胜利，达到目的的！

拿破仑总结自己成功的经验时说："舌头是一把利剑，口才比打仗更有威力。"要想成为一名出色的管理者，不能只重视那些圆满完成任务的人。你必须认真对待那些已经尽力甚至做出了巨大牺牲，但出于其他无法克服的原因而未能完成任务的下属。一次失败可能使他们丧失了自信，没了斗志，如果你能适时地鼓励或者表扬一下，让他们明白自己的心血没有白费，他们肯定会重新恢复自信，找回自我。那么，下一次他们很有可能就不再是失败者了，而会是成功者。

二、人人都渴望被认可

英国女演员和诗人乔吉特·勒布朗说:"人类所有的仁慈、善良、魅力和尽善尽美只属于那些懂得鉴赏它们的人。"

任何一个人都希望得到别人的肯定,尤其是上级的认可。

美国著名的企业管理顾问史密斯指出,每名员工再不显眼的优秀表现,若能得到领导的认可,都能对他产生激励的作用。

但是,现实工作中有很多员工竭尽全力地把工作做得很出色,却从未得到过哪怕是一声"谢谢",绝大多数的管理者想当然地认为将事情做得出色是应该完成工作的一个组成部分。

保罗·莫任在他的管理职业生涯中曾经一度认可这样的管理方式。他解释说:"过去,我常常忽略了对我团队成员的成就(以及我自己的成就)予以表扬;因为我个人对于这方面从来没有重视过,因此,我就往往忘记了对别人的成就给予表扬。相反,我认为他们所取得的成就只不过是他们规定工作中的一部分,而规定的工作是不需要特别认可的。"

但是,当莫任到太平洋贝尔公司工作之后,他对给予他人认可及对成功给予表扬的重要性有了新的认识。他发现,这对于其他人来讲是蛮重要的。因此,他决定改变自己的领导习惯。为了提醒自己公开认可的重要性,他编制了一张认可他人的优先性列表。每当他的团队取得一个关键的成就的时候,他都会亲自走到项目组的每个人面前,和对方握手。他会挑选出几个重要的团队成员,带他们出去吃午饭,他会亲自打电话给每一个团队成员,感谢他们在项目中付出的努力。他会邀请大家共同参加一个小型的办公室聚会,一起享用蛋糕和咖啡。

在实际开始采用这些富有激励性的领导方法之后,很快地,莫任就看到生产率上升了,缺勤率降低了,同事之间的关系更密切了。而且,其他人也开始有更大的主动性,他自己的工作变得简单了。合作的工作氛围带来了更好的沟通,员工之间的冲突减少了。

激励胜于管理,激励使员工的激情高涨,激励使团队更加精诚团结,善于激励员工的管理者更能赢得员工的信任和尊重。

1. 只需说声谢谢你

一项又一项研究发现,这一点实际上非常重要。在针对员工流动的调查发现,人们选择离开的最主要的原因就是他们得到了"很有限的表扬和认可"。当问到他们认为他们的管理者应该发展哪项技能以使管理工作更加有效的时候,员工将"对他人的贡献给予任何感谢的能力"放在了首位。

人们都希望自己的工作被领导认可,最希望得到的精神奖励是"谢谢你"。我们可以从欣赏、致谢、表扬以及一些简单的传达注入"我关心你和你在做的事情"的手势和语言开始。不管形式是一句简单的"谢谢你"还是精心准备的庆祝,激励就是反馈——正反馈,是传递"你选对道路了。你确实做得很好。谢谢你"的信息。管理者拒绝给予员工正反馈的礼物就是拒绝成功的机会。

2. 随时随地赞美别人

赞美是一种鼓励，赞美是一种肯定。赞美可以让平凡的生活变得充满魅力，赞美可以把世间的不协调的声音变成美妙的音乐，赞美可以激发人的自豪感和上进心。

赞美的力量是无穷的。卡耐基说："历史是由会夸赞的人来做的令人心动的脚印，赞扬具有神奇的魔力，它不仅会带来欢乐更会带来无穷的力量。"

赞美激励法是管理者最常用的，没有时间、地点、环境的限制，你可以随时随地地对你的下属进行赞美。

韩国某大型公司的一个清洁工，本来是一个最被人忽视、最被人看不起的角色，但就是这样一个人，却在一天晚上公司保险箱被窃时，与小偷进行了殊死搏斗。事后，有人为他请功并问他的动机时，答案却出人意料。他说，当公司的总经理从他身旁经过时，总会不时地赞美他"你扫的地真干净"。就这么一句简简单单的话，就使这个员工受到了感动，并以身犯险。

很多管理者以为只有巨大的成就和功劳才值得赞扬，好像赞扬就一定要用"很好""不错"之类的话，而且在现实中还有不少的管理者显得很矜持，或是觉得心里其实也觉得很好，但总是开不了口来赞扬员工，或是在工作中管理者们过度追求完美，哪怕员工出现一点小小的差错都会被人揪住不放，批评都避免不了，更别提要表扬了。

其实只要用心，表扬要比批评更加容易。因为任何事情都要一分为二地分析，好的方面总是比值得批评的地方多一些。因此，管理者们不妨热情一些，不要吝啬自己的表扬。发自内心的、真诚的赞美会感动对方的心灵！

国外一位著名的企业家说过这样一句话，"如果我看到了一位员工杰出的工作，我会很兴奋，我会冲进大厅，让所有的其他员工都看到这个人的成果并且告诉他们这件工作的杰出之处。"

美国企业家老托马斯·沃森对公司巡回管理时，每每见到下属们有创新和成就时，就当场开支票进行鼓励，并立即贴出告示公开予以表扬。

著名的管理专家鲍勃·纳尔逊表示："在恰当的时间从恰当的人口中道出一声真诚的谢意，对员工而言比加薪、正式的奖励或众多的资格证书及勋章都更有意义。这样的奖赏之所以有力，部分是因为经理人在第一时间注意到相关员工取得了成就，并及时地亲自表示嘉奖。"

3. 懂得为别人鼓掌

某王爷手下有个著名的厨师，他的拿手好菜是烤鸭，深受王府里的人喜爱，尤其是王爷，更是倍加赏识。不过这个王爷从来没有给予过厨师任何鼓励，使得厨师整天闷闷不乐。

有一天，王爷有客从远方来，在家设宴招待贵宾，点了数道菜，其中一道是贵宾最喜爱吃的烤鸭，厨师奉命行事。然而，当王爷挟了一条鸭腿给客人时，却找不到另一条鸭腿，他便问身后的厨师："另一条腿到哪里去了？"

厨师说："禀王爷，我们府里养的鸭子都只有一条腿！"王爷感到诧异，但碍于客人在场，不便问个究竟。

饭后，王爷便跟着厨师到鸭笼去查个究竟。时值夜晚，鸭子正在睡觉。每只鸭子都只露出一条腿。

厨师指着鸭子说："王爷你看，我们府里的鸭子不全都是只有一条腿吗？"

王爷听后，便大声拍掌，吵醒鸭子，鸭子当场被惊醒，都站了起来。

王爷说："鸭子不全是两条腿吗？"

厨师说："对！对！不过，只有鼓掌拍手，才会有两条腿呀！"

身为管理者，要懂得为员工鼓掌，鼓励和奖赏是非常重要的，它能使你的员工感悟到工作的意义，得到尊重感的满足。管理者的鼓励并不要求太多，可以是一句肯定的话、一句真诚的赞美，也可以是一个善意的微笑、一束期待的目光，只要是真正地发自管理者的内心，员工一定会干劲十足。

员工需要精神激励，渴望被认可，当你真诚地表扬和感谢员工的时候，你会发现自己的精神也被鼓舞了，振奋了。而员工则感到受到了欣赏，得到了应该得到的荣誉。

第三章 协调艺术：有误解和矛盾就要解决

一、分清场合巧妙打圆场

在我们平常的聊天中，当自己和朋友说话或做事"出丑"的时候，你会用"打圆场"的方法来化解一切吗？如果你对打圆场还不熟悉的话，那么我们一起来学习一下吧！

尴尬时打圆场

再好的朋友，也有发生矛盾出现尴尬的时候，在生活中，如果我们的两个朋友发生了争执，非要我们裁决不可，这时如果我们选择逃避，则会同时得罪两个人。那么，在劝架时，怎样做才最有效呢？有以下几种方法可以借鉴。

方法一：不盲目劝架。讲不到点子上，非但无效，还会引起当事人的反感。为此，我们要从正面、侧面尽可能详尽地把情况摸清，力求把劝架的话讲到当事人的心坎上。

方法二：要分清主次。吵架双方有主次之分，我们劝架不能平均使用力量，对措辞激烈、吵得过分的一方要重点做工作，这样才比较容易平息纠纷。

方法三：要客观公正。在劝架时，要分清是非，不能毫无原则地"和稀泥"。不分是非把两个人都笼统地批评一番，这样不能使人心服口服。

方法四：支离拆分。如果双方火气正旺，大有剑拔弩张之势，这时我们可以当机立断，借口有什么急事，或有急电把其中一人支开，让双方脱离接触。等他们消了火气，头脑冷静下来了，争端也就容易解决了。

冲突是造成和导致不安、紧张、不和、动荡、混乱乃至分裂瓦解的重要原因之一。身为一名优秀的领导者，应该知道如何将冲突完全化解与无形之中。

美国西点军校编的《军事领导艺术》一书对冲突的积极作用进行了深入探讨，并指出，群体间的冲突可以为变革提供激励因素。当工作进行得很顺利，群体间没有冲突时，群体可能不会进行提高素质的自我分析与评价，由此，群体可能变成死水一潭，无法发掘其潜力，通过变革促进成长与发展，群体间存在冲突反倒会刺激组织在工作中的兴趣与好奇心，这样其实反而增加了观点的多样化以便相互弥补，同时提高了紧迫感。

通用汽车公司发展史上有两位重要人物，由于他们对冲突和矛盾所持的不同看法和做法，给通用公司的发展带来了不同的重大影响，第一位是威廉·杜兰特，其在做出重大决策时大致上用的是"一人决定"的方式，他喜欢那些同意他观点的人，而且可能永远不会宽恕当众顶撞他的人。结果，由他领导的由一些工厂经理组成的经营委员会在讨论任何一项决策时都没有遇到一个反对者，但这种"一致"的局面仅仅维持了四年。四年之后，通用汽车公司就出现了危机，杜兰特也不得不离开了公司。

另一位对通用公司有重大影响的人是艾尔弗雷德·斯隆，是迄今为止通用汽车公司享有最崇高声望的领导者，被誉为"组织天才"。他曾经是杜兰特的助手，并在后来成为杜兰特的继任者。他目睹过杜兰特所犯的错误，同时他也几乎修正了这些错误。他认为没有一贯正确的人。在做出决策之前，都必须向别人征求意见，他会在各种具体问题产生时阐明自己的观点，但他也鼓励争论和发表不同的观点。这使他取得了极大的成功。

从这件事中引以为戒的是如何看待企业内的冲突和矛盾。对今天的领导者来说，没有冲突的企业是一个没有活力的组织，作为领导者要敢于直面冲突和矛盾，闻过则喜应成为领导者的一种时尚。

被誉为"日本爱迪生"的盛田昭夫则从自己的亲身经历中进一步说明了领导者应如何正视这种冲突。他认为：大多数公司一谈到"合作"或是"共识"时，通常意味着埋没了个人的意见。在索尼公司，我们鼓励大家公开提出意见。不同的意见越多越好，因为最后的结论必然高明。在盛田昭夫担任副总裁时，曾与当时的董事长田岛道有过一次冲突。由于盛田坚持自己的意见不让步，使田岛很愤怒，最后他气愤难当地说："盛田，你我意见相反，我不愿意待在一切照你意见行事的公司里，害得我们有时候还要为这些事吵架。"盛田的回答非常直率，"先生，如果你我的意见是完全一样的，我们俩就不要待在同一公司领两份薪水了，你我之一应辞职。就因为你我看法不一样，公司承担的风险才会减少。"

对于领导者来说，既然冲突和矛盾是必然的和普遍存在的，就不应回避、抹杀或熟视无睹，更不要为暂时的"一致"所蒙蔽，甚至人为地营造"一致"的现象。总之，任何一个人的认识能力都是有限的，一个人的意见不可能永远正确。而有冲突和矛盾也许正是弥补这一不足的最佳方案，只要协调合理，沟通及时，冲突会为你的成功铺垫基础。

二、化解三种心理矛盾的技巧

身为领导者，当你想要试图说服别人的时候，首先要准确拿捏被说服者的心理，因为被说服者的处境是矛盾的，如果他不服从或不同意你，就会与你产生冲突；但如果他服从你、同意你，又会与自己产生矛盾。在被说服的过程中，人们的心理矛盾有以下几种表现形式。

1. 猜疑心理

即使人们彼此之间有信任关系，在感到自己在被对方说服时，也难免疑虑重重。尤其是有些人本身就有疑神疑鬼的毛病，这种情况会更加严重。信任意味着遵守诺言、保密与尊重对方人格等，但在具体情境中，人们的这些信念可能有些动摇，猜疑心理就会油然而生。

美国卡内基梅隆大学的罗伯特·凯利博士，1989年对美国400位经理的工作进行了调查，结果发现，在这些经理领导的企业中，有三分之二的人感到经理不能给他们提供对"公司观念的清晰理解，任务及目标的明确解释"。如果员工不能通过某些信息来理解自己工作的意义，其工作就不会有更高的绩效。尤其严重的是，如果领导不去提供信息、解释一下为什么，人们就会自作解释，结果还会产生出领导者不能驾驭舆论，弄不好会毁掉领导者职业前程的局面。

2. 防卫心理

防卫心理即戒备心理，这是指一种不作暴露，警觉地注意别人的一言一行，尽量避免言语及行动上负有责任的心理状态。

有效谈话的行为技巧可以医治防卫心理。你如果能造成一种同步的交谈，鼓励对方更多地表达自己的看法，促进他的自我表露，就可以对症下药，找到突破口。另外，开放地表露自己，更多地积极反馈，表明你与对方的相同之处多于分歧之点，这样就可以缩短心理距离，有利于促进双方的理解，形成评价的一致。

3. 不安与精神压力

人具有保护自己的精神及人格完整性的本能，即使你不存在控制对方的动机，对方在面对要求做出转变时，也会因为这将可能影响自己的人格完整性而产生不安，承受一定的精神压力。同时，在他面对接受你与拒绝其他人的选择矛盾时，接受了你就意味着自己的态度及行为方式的转变，且需要与其他人的关系进行调整，这时也会承担相当的精神压力。被说服者所承受的精神压力会影响说服的效率与成效，因此他们能躲即躲，实在躲不过，也将不置可否。

在涉及一些对被说服者来说是重大问题的说服时，对方的回避是不可避免的。故而要求说服者：第一，一定要有耐心。刘备三顾茅庐才说服诸葛亮出山辅佐自己，因为对诸葛亮来说，这是人生的重大选择时刻，不能不慎重。第二，交谈中要有策略地进行"信息注射"，不要一次把话说完，要给对方留有余地。第三，要让对方认识到他的不安及压力的存在及根源，并就此进行交谈，逐一予以化解，要为对方设想好解释自己之所以转变的理由。更为慎重的方法是委托第三者去说服。而在无计可施、一筹莫展时，攻击对方背后的"精神领袖"与利益关联者也不失为一种方式，不过，这种方式应有一个道德尺度的约束。

三、六种协调方式

领导在做协调工作时，主要有以下六种方式。

1. "彼此谦让"的协调方式

在一个单位或部门，下属们对某项任务或某个问题在利益和观点上不一致，是常有的事。有时甚至双方会剑拔弩张、面红耳赤，搞到十分紧张的地步。这个时候就需要领导出面进行调停，做双方的"和事佬"了。

有人估计，领导者要花上20%左右的时间来处理各种冲突，但这并不能证明领导工作上的无能或失败。冲突在人际关系中是固有的、不能回避的，必须予以适当地处理，方能形成"人和"的气氛。

这就需要领导者运用调停纠纷和处理冲突的技巧，协调各方在认识上的分歧和利益上的矛盾。那么如何来处理纠纷、冲突和分歧呢？说来并没有现成的公式可循，不过，领导者能不能成功地处理冲突主要取决于三个因素：一是领导者判断和理解冲突产生原因的能力；二是领导者控制对待冲突的情绪和态度的能力；三是领导者选择适当的行为方式来处理冲突的能力。具体说解决冲突，保证"人和"的方式一般可以采取"彼此谦让"的方式。

"彼此谦让"的协调方式，就是迫使争执双方各自退让一步，达成彼此可以接受的协议。这是调停纠纷、解决冲突最常见的办法。这种解决办法，关键在于找准协调双方的适度点。无论调停家庭纠纷，还是解决日常工作和生活上的冲突，要使双方团结起来，共同行动，就不能采取偏袒一方和压制另一方的做法，而应该运用"彼此谦让"方式解决问题。

2."迂回前进"的协调方式

在特定的条件下，对一些无原则的纠纷应采取含糊的处理方法，或者为了解决某些冲突，可作出一些必要的合作、折中或退让、妥协。

比如，鼓励冲突的双方把他们的利害关系结合起来，使双方的要求都得到充分的满足；或者在冲突双方的要求之间寻求一个折中的解决办法，让双方都得到部分满足；或者驱使一方放弃自己的观点、利益去满足另一方的要求；或者用暗示或不管的方式鼓励冲突双方自己去解决分歧，等等。假若双方都是搞派别斗争，为他们各自的小集团的私利而闹纠纷，完全违背整体利益，那么在解决这样的纠纷时，就不必去分清谁是谁非，事实上也无法分清谁是谁非，可采取各打五十大板的办法来处置。

例如，对某些员工闹事问题的处理，从闹事本身看并不正确，但为了有利于公司大局的安定，在说清事理之后，可对他们的要求做出一些不损害大原则的妥协，以缓和矛盾。虽然这样处理纠纷的方式看来显得简单和有点不分是非，但仍不失为一种解决冲突的方法。

3."泄愤释怒"的协调方式

当双方发生冲突时，应该让每个人都有机会泄愤释怒，不要让心头的愤怒郁积起来。这就可以缓和冲突的紧张程度，打开解决冲突的大门。日本有的组织和单位搞的"健康管理室"，就是采用这种方式。

比如说，两个人吵架了，产生了很多大的纠纷，就可以领到"健康管理室"来组织双方接受健康管理教育。第一个房间，一进去，对面有个落地大镜子，两个人站着照镜子。双方在吵架时，感觉不出自己的面貌变化，脸红脖子粗，非常激动，一照镜子，威风马上就刹下去了，自己就提醒自己今天有些失控。然后到第二个房间，是一排哈哈镜，双方依次照镜子，通过这些镜子启发双方要正确对待自己，正确对待别人，不能像哈哈镜那样把自己看得很高大，把别人看得很矮小。然后再向前走，进入弹力球室。在地板上和房顶上各有一个钩子，中间用橡皮条紧紧拉着一个球，有一人多高。

让每人用力打二下，由于弹力作用，球弹回来正好打在自己额头上，以此来启发双方认识人与人的关系就同作用力与反作用力的道理一样，你伤害别人，别人就会伤害你。再往下走，是傲慢像室。是用稻草做的非常傲慢的草人，每人用棒打三下，让双方发泄一通，并启发他们否定这种傲慢态度。再往下走，走廊两边挂着许多照片，一边是青年人应该怎样生活、学习，如何正确对待别人、尊重师傅和长辈；另一边是青年人在酒吧间里鬼混、打架斗殴等日本社会的黑暗面。两边对照，启发青年要正确对待生活。最后双方交换意见，互相表态，问题得到解决。

这种方式，在我国的一些单位中也有应用。据报载，某厂设了个"出气室"。"出气室"门前写着这样的话："主人同志，欢迎你。你有什么心事吗？请你讲出来；你有什么好的建议，请不要保留。"厂里的主要领导轮流挂牌值班接待。说来也灵，憋着一肚子火气进去的职工，出来竟然一身轻。两年来，职工来访上千次，件件有登记，桩桩有着落。人们认为，这个厂的经济效益越来越好，"出气室"也有一份功劳。

经得住别人发泄愤怒是很不容易的，尤其是这种愤怒冲着自己来的时候更是滋味难受。现实中就有这样的企业管理者，以官压人，以权欺人。你有气吗？对不起，他不但不给你出气，反而开口就训，火上浇油，结果激化了矛盾，甚至诱发出恶性事故，闹出大乱子。所以，企业管理者在这一点上要宽宏大量，要能忍"难忍"之事。如果企业管理者本人也是冲突的一方时，就必须严格约束自己，要"高姿态"，不要只为自己表白辩护。

4."相互协作"的协调方式

各部门领导之间在强调自己工作的地位和作用时，不能贬低而要同样肯定其他部门的地位和作用。工作的配合与支持不能仅是单向的企求，而应成为双向的给予，并用以取代"鸡犬之声相闻、老死不相往来"的自我封闭状态，以及"各人自扫门前雪，休管他人瓦上霜"的狭隘做法。

各部门领导之间互相支持，是圆满完成企业工作任务的前提。各部门之间相互支持的组织，才是有力量的组织。各部门之间的相互支持，体现在具体的工作之中。当某一部门工作遇到困难和阻力时，主动去排忧解难，在人财物方面给予帮助，是一种支持；当某一部门工作取得了成绩或出了问题，给予热情的鼓励或提出诚恳的批评，也是一种支持；当某一部门与其他部门发生矛盾，不是置之不理而是出面调解，帮助消除误会、解决矛盾，更是一种支持。各部门之间的相互支持，是避免冲突、消除矛盾和友好相处的重要原则。

5."合理竞争"的协调方式

由于各部门在公司系统中处于不同的地位和具有不同的功能，部门之间不但具有共同的利益和目标，而且还具有各自不同的利益和目标，因此必然存在竞争。组织内各部门的地位差、功能差，既反映了相应的权利和义务，也反映了相应的责任和贡献。这是公司系统各部门在协作过程中存在竞争的客观基础。在公司内部，竞争是一种最活跃的因素和力量，具有使公司系统不断发生变化的功能。这种功能既可以使公司系统发生进步性变化，使公司的作用充分发挥出来，也可以使公司系统发生破坏性变化，造成公司系统的不稳定，产生结构内耗与功能内耗。合理竞争要求部门之间形成一种正常的竞争关系，最大限度地发挥积极性和创造性，努力实现系统的整体目标。

在合理竞争中，既反对封锁信息、相互拆台、制造矛盾，也反对满足现状、不思进取、得过且过。特别应反对的是那种不择手段、尔虞我诈的倾轧和竞争。

公司系统部门之间出现矛盾冲突时,如果涉及范围小,则可以采取"协商解决法"。即由相互冲突的部门彼此通过协商解决冲突。协商时双方都要把问题摆在桌面上,开诚布公,摆出各自的观点,阐明各自的意见,把冲突因素明朗化,共同寻找解决途径。如果冲突涉及面大,可采用"仲裁解决法",即由第三者出面调解、进行仲裁,使冲突得到解决。这是部门之间经过协调仍无法解决冲突时,才使用的方法。这里要求仲裁者必须具有一定的权威性,最好是冲突双方都比较信任的,或者社会和法律认可的,否则可能仲裁无效。

不过,不管用何种方法解决,领导者在此过程中必须保持公平与正直,像天平一样不偏不倚。

6. "接受时间"的协调方式

这是指解决冲突的条件还不成熟,需要维持现状,等待时机给予解决;或者经过一段时间的积累,由工作或生活本身逐渐地加以调整。采取"接受时间"的方式,让人们经过一段时间后,逐渐放弃旧有的成见,适应新观念和新事实。

这种解决冲突的方法是十分明智的。因为一个人的信仰、观念和立场的改变,往往需要一个体验的过程。如果采取强加于人的做法,常常会使矛盾激化,隔阂加深,损伤人们的感情,产生不良的后果。而"接受时间",则可以使冲突的解决比较自然和顺畅。

如当有人对组织的决议持不同意见时,组织上允许其"保留意见",而不滥用组织手段强迫其改变观点。当然前提是在行动上必须执行决定。所谓"允许保留意见",运用的就是"接受时间"的方式。

第四章 多建议，多协商

身为领导对部属下达任务，发号施令，这是很自然的事情。可是怎样下达命令才会使工作计划得到彻底的实施呢，怎样才能使部下积极、主动、出色、创造性地完成工作呢？重点在于下达命令的方式上。没有人会喜欢命令的口气和高高在上的架势。多建议，多协商，不仅能使对方维持自己的人格尊严，而且能使他积极主动、创造性地完成工作。即使是你指出了别人工作中的不足，他也会乐于接受和改正。

一、少命令，多商量

说到命令，人们可能会想到在战争故事中"军令如山倒"，领导下了命令，下级不得不赶紧执行。于是认为以命令方式去指挥下属就办事最快，效率最高，但在实际生活中却不尽如此。

日本松下公司前总裁松下幸之助说："不论是企业或团体的领导者，要使属下高高兴兴、自动自发地做事，我认为最重要的，要在用人和被用人之间，建立双向的，也就是精神与精神、心与心的契合、沟通。"他看到了领导与下属沟通的重要性，因而在实际工作中身体力行，终于取得了成功。要达成领导与下属心与心的契合、沟通，关键的就是与下属一起交流商量。

一些领导人颐指气使，有事就大嗓门地命令下属去干。他们认为只有雷厉风行才能产生最佳效果，命令别人去干事的时候也不看人家的意见如何，反正一句话："做了再说！"一般来说这样的领导比较有能力，在下达命令之前是经过一番深思熟虑的。如果久而久之，下属对领导产生了信任，就会什么都不问，照领导说的去做，这样反倒失去了积极性和创造性而成为一件只会办事的机器。而有些下属呢，

面对领导铺天盖地的命令，连问一句为什么的机会都没有，自己想不通当然就不愿去做了。不愿做的事要被迫去做是很难做好的。

要吩咐下属去办一件事，命令的方式是不可少的，特别是在情况紧急的情况下，一分一秒都是宝贵的，没有时间给你详细的解释。但更多的时候，最好还是以商量的方式。

如果采用商量的方式，下属就会把心中的想法讲出来，而领导认为说得有道理，就不妨说："我明白了，你说得很有道理，关于这一点，你看这样行不行？"诸如此类，一方面吸收对方的想法和建议，一方面推进工作。这让下属觉得既然自己的意见被采用，自然就会把这件事当作自己的事去认真做的；同时由于热心，自然也会产生良好的效果。

另外，领导在要下属去干一件事时，也可以给下属指出一个美好的前景，他们便会欣然去做。

所以在实际工作的安排中，领导应做到：

（1）切忌凭自己的权力压制他人。

（2）要仔细聆听下属的意见。

（3）若同意对方的意见，就可以加以说明："我也是这样想的。"这样会使下属为

自己的决策而感到骄傲。

（4）如果不同意，必须向部下说明理由，不然就是上级把命令下达下去了，下属还是会我行我素。

二、弹性思维，软性施压

权力在手是一件好事，同时对下属发布命令也是一种满足，但领导者一定要把握好分寸，根据不同的对象，行使好自己手中的权力。

试想如果下属听到"不用多问，这是命令"，或者"上级就是这样指示的，照着做就可以了"之类的话，心里会怎样想呢？这样能让他心甘情愿地去做事吗？

像这种不顾实际情况，不管下属的感受，而只管发布强制式命令的做法应该尽可能地避免。因为这样布置工作，只会引起下属的反抗心理，而不会收到预期的效果。

李先生在台湾经营一个有五六百名员工的企业。不管是在业务上或是在管理上，李先生的努力都有相当的成效，他运筹帷幄，指挥若定，威风八面，宛如领军千万的大将，好不神气。

可是，他就是对他儿子没办法，他们之间的代沟，怎么样也无法跨越，每次一见面，没讲三句话，就会争吵。这天，李先生又和他的儿子因为一点小事吵了起来。就在双方面红耳赤之际，他儿子突然间就住了口，然后一字一字地说出："爸，再这样吵下去也不是办法，我能不能请你把我刚刚说的那句话说一遍给我听？"

"啊？"李先生一惊，没想到有这怪招。"你说……你说……做父亲的太能干，当然看不起儿子。"

"不对！你再想想看，我是这么说的吗？"

"浑小子！那你怎么说的？你自己说过的话，你自己为什么不再说一次？"

儿子突然笑出声："你看！从头到尾，我说什么你都没有听，那些话是你自己想的，我可没这么说。我们不是要沟通吗？那么，我说什么，你重复一次给我听，再轮到你说，我来重复。"

"喂！哪有那么多时间在那边重复来重复去！你是真的想气死我啊！"

"爸！我们就试试看吧！否则这种争吵会没完没了的，你再想一想我到底是怎么说的？"李先生想了想，终于承认，"我真的想不起来，你再说一次好了。"

"好吧！我说，父亲很能干，儿子一方面很佩服，另一方面怕自己跟不上，心里多少有点压力。"

李先生冷静一想，他说得合情合理，自己怎么会那么激动？结果，这天晚上，他们父子俩竟然可以谈上两个小时而不吵架，这个效果连李先生也意想不到。一觉醒来，虽然睡眠不足，但李先生神清气爽，一大早就到了公司。

因为早上要开一个重要的采购会议，讨论的是未来所要采购价值1000万元的机器，到底要用美国货好，还是日本货好。依采购部的报价，日本制的价格便宜，东西也不差，可是工程师却主张买美国货。

会场上，李先生让总工程师发表意见，这是一种表面上的礼貌，总工程师也知道，老板做久的人，多少喜欢独断独行，什么事情早就心有定见，经验告诉他，老板问他只是个形式，谁不想省钱？老板要买哪一种大家早就心知肚明，因此他无精打采，不到五分钟就说没意见了。

若是往常，李老板总是会在这个时候大唱独脚戏，享受那种权威感，今天竟然是……

"总工程师，我来重复你的要点，你看我说的跟你的意思不一样：日本制的机器，价格虽然便宜，东西也不错，可是将来如果出了毛病，要他们来做售后服务，问题就来了。他们的人因为语言问题无法跟我们直接沟通，找来的翻译对精密仪器又是外行，机器坏在哪里，我们无法充分了解，下次再发生同样的问题，还是要请他们的人来，说不定还会耽误生产时间，如此算下来，买美国货还比较便宜！"

随着李老板的重复说明，总工程师眼睛渐渐亮了起来，他打起精神，再次补充，就这么你一言我一语的，大家滔滔不绝地讨论了起来……

一个优秀的领导，绝对不会依靠命令来进行管理。作为一个领导，当你的下属不按你的要求去做事的时候，应该找他沟通，而不是以上压下，更不可有任何威胁的语言或举动。如果这样做，即使不是用强制的态度，也足以说明你对下属的不信任。既然是这样，下属又为什么要效忠你呢？

三、若要人前立足先需能说会道

成功的领导者要有强大的语言表达能力，会发布明确的指示和命令，让他们在发挥自己的才干中逐渐成长。因此，一定要善于指导别人如何正确接受领导的命令。领导型人才下命令时语言要做到简练、准确，不需要形容和描绘；使用专业术语，概念清楚，尽可能排除误解；有可操作性；保证传达渠道畅通无误。

对领导来说，对下属下达的命令要有时间性。《差距》一书中说"时间是命令的生命"。它举了一个例子：土地肥沃的巴格达人与印度人都可以在自己高兴的时节播下稻种。但泰国人由于气候的关系没有一个适当的时节，而必须制定周密的计划好好地进行，由于台风会来袭，所以收割的时期也先决定好，如果迟了，长期的辛劳就会付诸流水。于是，就要拟定由届期倒算的周密计划。这就是命令的时间性。有的公司里老板与部下过于客气，用一种"麻烦你给我做这个"的拜托方法。虽然说"好"，但过了很久的时间仍没有做，而拜托的人也因此忘记，这样的例子很多。因此有必要对要做的工作规定明确的时间，并加以核对。一旦有过这种训练，则目标与实绩就可相互对照。

第五篇

演讲口才——演讲有气势,交际靠口才

演讲是一种威力无比的武器，运用它可以捍卫自己，取得竞争优势；演讲是一个重要的途径，通过它我们可以增强勇气，获得斗争的力量。演讲能改写历史，同样也能改变一个人的命运。

精彩的演讲能显示出演讲者学识的广博、举止的优雅、应变的灵活和情趣的幽默。它往往是一个人综合素质的体现。拥有高超的演讲技能是每一个人的目标。

第一章 素质:演讲的无形资本

一、演讲口才的要求

生活中我们常常遇到这样的人。他们平时心理素质非常好，很能说，经常被认为是口才很好的人。可是在大众场合他们往往不能很好地表达自己的想法。为什么会出现这种情况？演讲口才到底有什么要求？

口语能力，不仅仅是能说会道。它是一个人的智能和语言组织能力的综合体，是通过语言形式表现出来的能力。按照从高到低的级别可以分为描述能力、表达能力、议论能力、驳辩能力、幽默能力。

描述能力是对自己所见之事物和所经历之事能够大体客观地描绘和叙述，使听者较为清晰完整地了解所言内容。

表达能力是将自己的意见、办法、方案、设想、情感、思想和内心感受陈述出来，能使听者接受或受感染。

议论能力是对事件做价值和意义方面的评论，能讲得头头是道，颇令人折服。辩驳能力是在一个大前提或几项基本原则的基础上同时既做论证又做反驳性的发言，使对手无法坚持或干脆放弃原先持有的立场和观点。

幽默能力是平时能说笑话，常令听者捧腹喷饭，营造宽松气氛。

演讲口才与这些能力并非截然相异。五种口语能力是演讲口才的基础，按演讲要求稍加规范就能够顺利地转化为演讲口才。如果一个人有较好的描述能力，他做的演讲恰好又是向听众报告自己纯客观的经历或所见，无需做任何主观上的加工，往往就能够轻松应对。可是现实中的情况常常是这样的，台下的各种口语能力，一到台上就受到抑制，感到有些力不从心。这说明，有这五种口语能力的人，固然有了良好的演讲基础，但在一般情况下，这几种口语能力并不直接就是演讲口才，仅仅拥有它们，未必就能做好一场演讲。所谓演讲口才，是这几种能力依演讲要求得到优化的口语才能。

二、加强心理训练

由于演讲是一种特殊性和复杂性相当高的活动，演讲者一般都要承受一定的心理负担，当然有时很容易出现心理失衡的现象。这就要求演讲者平时加强心理训练，具备良好的心理素质，既热情果断，又镇定自若，而且还能侃侃而谈。一般地说，成功的演讲者一般应具有充足的自信心，较强的自制力。

1. 自信心

所谓有自信，就是对现实目标、圆满完成任务抱有成功的把握；否则，就是没有自信或信心不足。

自信心与成功欲密切相关。强烈的成功欲是人们实践活动的内驱力，是促进事业成功的主观因素。对演讲者来说，它的主要作用是触发心理动机，使演讲者对现实演讲目标高度关切。然而，希望成功并非自信成功。自信则表现为对实现目标的理性推断，它是通过对客观情况和自我能力统一比较衡量后产生的，是对自我素质和能力的信任。演讲者充分的自信表现为对实现演讲目标持肯定性推断，坚信演讲成功。成功欲和自信心都是形成良好心理定势的重要因素，是演讲者重要的心理支柱。

自信可以发挥意志的调节作用，坚定意志；可以促使智力呈现开放状态，更有效地发挥演讲者的创造性。演讲者坚信演讲能获得成功，在良好的心理定势作用下，能以满腔热情对付演讲现场可能出现的各种复杂情况，并且始终保持清醒的头脑，矍铄意志，克服障碍。自信心强，很少有心理负担，精力充沛，思维活跃，易于触发创造性思维，左右逢源，能随机应变和临场发挥。自信心强，对自己的力量、气质、风度和技能能够恰当地控制。相反，缺乏自信心的人，意志薄弱，时时产生一种消极的自我暗示。越怕失败，越怕人取笑，就越加分心，越加忧心忡忡，无形中束缚实际能力的发挥，导致演讲失去光彩。

演讲者要有意识地培养和树立坚强的自信心。自信心应建立在对自我素质和能力的正确认识上，建立在对演讲基本规律的娴熟掌握上，建立在对演讲内容的深刻理解上。只有在对主观条件和客观情况进行辩证分析，知己知彼，了如指掌的基础上产生的自信，才是真正的自信。否则，就是不切实际的盲目自信。盲目自信是一种非理性的预测和判断，它所产生的支持力是短暂的，经不起实践的检验。

2. 自制力

所谓自制，就是根据需要，对自我情绪和情感进行调节和控制。这种自控能力，既是演讲者重要的心理能力，也是演讲者意志力的表现。

演讲活动情况复杂，很多因素都能引起演讲者的情绪波动，或欢愉，或兴奋，或恐惧，或忧虑。演讲者的各种情绪波动对演讲产生不同的影响，有的积极有益，有的消极有害。

一般来说，责任心、使命感、成功欲以及自信和欢愉是推动演讲顺利发展的积极因素；而忧虑、恐惧、自卑、颓唐等情绪则是阻碍演讲成功的消极因素。只有有较强的自制力，才能对这些有利和不利因素进行质的鉴别和量的控制。

演讲者要善于分辨掌握，该激发的充分激发，该排斥的努力排斥，该调节的适当调节，始终保持自己的情绪与演讲时空环境和谐协调；不能无节制地听任感情的驱使，也不能任凭自我情绪的放纵；要主动地理智地根据实现演讲目的的需要，抑制消极情绪和冲动行为，正确地支配自己的语言和举止。只有这样，才能成功地驾驭演讲进程，在受挫折时，不致泄气和意志崩溃；在顺利时保持头脑清醒，不失常态。否则，就会阻碍演讲的顺利进行。

演讲者要有效地运用和发挥自制力的作用，必须坚定目标指向。目标专注，能凝神集思。当情绪过分激动时，立即以实现演讲目标的坚强信心激励自己，排除自我情绪中消极因素的干扰。演讲者要提高和强化自己的自制力，必须吃透演讲内容，掌握演讲规律。成竹在胸，就不会乱章失控，就能应对自如。演讲者要进行恰当的自我克服和调节，还必须保持头脑清醒。冷静能帮助人保持智慧，再生智慧。快速、准确的判断和分析，只有在沉稳冷静的情况下才能做出。

自信心和自制力关系十分密切，它们同是演讲者应有的良好心理品质。自信心强可以坚定演讲者的意志，而自制力的强弱正是由意志力的强弱所决定的。所以，演讲者应不断培养和提高自己的自信心和自制力。

三、演讲的禁忌

正面了解演讲成功的要领对成功的演讲非常重要，掌握一些对演讲影响很大的负面因素对掌握演讲技能的提高同样重要。演讲中如果使用口头禅，演讲内容艰涩冗长，或者演讲冷漠乏味，都将破坏演讲的效果。

1. 切忌使用口头禅

口头禅被认为是不良的说话习惯，指那些令人讨厌的"嗯""啊""你知道的"等与演讲毫不相关的废话。如果演讲者频繁使用口头禅，会干扰听众的聆听。口头禅本身具有一定的特点，它常常在演讲者进行观点、概念转换时出现。

口头禅可以通过下面这种方法克服。

就个人而言，首先应该明确口头禅对你的影响到底有多大。关于这一点，你可以利用录音机进行记录并检查或者请其他人帮你听听。采用这样的方法进行检查和练习，会很有帮助，因为你在进行概念转换时会有所提防，而转换本身也因此日益流畅。

2. 忌艰涩冗长，杂乱无章

有人的演讲材料过于庞杂，讲起来像开无轨电车，开到哪里，算到哪里，叫人摸不着头绪。还有的不合逻辑，妄加论断；或者不顾事实，主观臆断。这也是一种常见的问题。

有人演讲用的是书面语言，使人感到艰涩难懂。演讲时要尽量避免使用书面用语，更不要"文夹白"，使用口语，善于用简单明了、群众易懂的语言演讲，坚决抛弃晦涩难懂的词语。文章贵短，演讲也应该长话短说。

3. 忌冷漠乏味，豪言空谈

言之无物、空空洞洞的表达是演讲中的一大禁忌。现实中那些不结合当时、当地实际的空头言论太多了。有的单位一年一度的总结会，会议的开幕词用的是陈年的演讲稿，只把第一届改成第二届、第三届或第四届，内容照旧，年年如此，冷漠乏味，毫无生机。

还有的人演讲时毫无表情，呆若木鸡，甚至肌肉紧绷，脸色铁青，缺乏演讲情趣，语言冷淡，没有抑扬顿挫、真情实感，演讲乏味，如同嚼蜡，严重影响了演讲的质量。

另外，在演讲时忌出奇出怪，要尽量讲清楚讲明白，这也是对演讲最基本的要求。

第二章 题目：演讲的内在灵魂

一、明确演讲的目的

演讲作为一种现实的社会性活动，其目的或目标可用一句话来概述，即争取最大限度的"共同性"。这里所说的"共同性"乃"取得共识、建立同感"之意思。可是各种不同的演讲还有自己的目的，这里说的目的，有宏观的和微观的目的，也有现场的和散场后的目的。

1. 演讲的目的

从总体上看，演讲的目的就是演讲者与听众取得共识，使听众改变态度，激起行动，推动人类社会向理想境界迈进。演讲无论是宣传自己的主张、观点，或是传播道德伦理情操，还是传授科学文化知识和技艺，都是为了让听众同意自己的主张、观点和立场以取得共识，并在此基础上激发听众的实际行动，向着理想境界迈进。这是演讲的公共目的和意义。

从演讲的微观目的来看，迄今为止，尚未有专职演讲家。当今的演讲者都有自己的正式职业或专业。例如，林肯是总统，丘吉尔是首相。由于其职业不同、专业不同、经历不同等多种因素的差别，演讲的目的、内容也有所不同。从微观上看，每位演讲者的每一次演讲都有不同的具体目的。

2. 现场目的和散场后目的

我们还可以从演讲者所追求的目的来看演讲的目的，一般有现场目的和散场后目的的两种。

从现场目的来看，每个演讲者都希望演讲能成功。这一目的完全可从现场和直观效果反映出来，如听众的表情、情绪，或者捧腹大笑，或者义愤填膺，或者欢呼雀跃，或者泪水横流，或者高呼口号，或者掌声雷动，这就表明演讲者的实用目的引起了听众的共鸣。当然，现场的效果仅是表面的，关键是演讲者的实用目的、演讲的内容打动了听众的心灵。

当然任何演讲者不会只停留在现场的目的上，而是更追求散场后的目的，即听众的实际行动，这才是演讲者的最终目的。

拿破仑率领部队远征埃及时，在金字塔附近和敌人的主力遭遇，情况危急，拿破仑立在马队前高声演讲道："士兵们，今天四千年历史从这些金字塔的上面看着你们！"简短的演讲使远征疲惫的法军士气大振，终于大胜敌军。

拿破仑的演讲产生了现场的直观效果，鼓舞了士气，士兵英勇杀敌，取得了胜利，进而实现了散场后的目的。

总之，演讲现场的目的是散场后目的的前提和基础，散场后的目的又是现场目的的归宿。没有现场目的的实现，就不可能有散场后目的的实现；如果只追求散场后的目的，忽视追求现场目的，散场后的目的不过是一句空话，演讲也就失去了意义。演讲是一种复杂的社会实践，更是一种工具。人们拿起工具总是有目的的，没有目的的演讲是不存在的，只是目的的正确与否、高雅与否的不同罢了。

另外，值得注意的是听众的目的。听众是无数个个体的集合。由于这些人年龄、性别、文化程度、兴趣、职业等不同，听演讲的目的也自然是各不相同的。

林肯解放黑奴的演讲，听众有拥护的，也有反对的，可见其目的是根本不同的。即使目的都一样的听众，对同一内容的演讲也往往各取所需，各有偏重。但从总体上说，演讲者的具体实用目的和听众个体实用目的是统一的。

总之，每位演讲者必须确立明确的演讲目的，做到宏观和微观的统一、表层与深层的统一、目前与长远的统一，这样的演讲才是有意义的、有价值的。

二、确定一个合适的主题

选定了议题，就有了演讲的大方向，但仅有大方向还不行，还必须确定一条具体的途径，必须确定主题。主题是演讲的灵魂，它决定演讲思想性的强弱，制约材料的取舍和组织，影响到论证方式和现场效果。它是选题的具体化、明朗化。没有明确的主题，演讲就如同没有灵魂的偶像，即使讲得天花乱坠，也会让人不知所闻，不得要领。

1. 体现时代精神，顺应历史潮流

演讲的目的在于宣传、教育、组织和激励群众。因此，选题一定要有时代意义，必须紧紧抓住人们普遍关心的问题，抓住社会现实中急需解决的问题。比如，与现实社会息息相关的社会风气和道德修养问题，以及反映科学文化发展动态、推动科学文化事业发展的问题，等等。要讲出时代感，讲出新意，演讲者必须考虑演讲的场合、环境、现实状况，以及自己对该问题的历史、现状的了解程度，并给出科学的分析和解释，以符合历史发展的规律。

2. 适合听众要求，内容有的放矢

选题要有针对性，要能深刻影响听众，极大地感染听众。由于民族不同，性格各异，职业有别，年龄差距，以及生活环境和文化修养不同，演讲的听众存在着很大的心理差异、风格差异、感情差异等。选题时应考虑不同类型听众的需要，根据不同民族、不同职业、不同层次听众的知识水准、兴趣爱好、风俗习惯等来确定。

只有选题适合听众的心理、愿望，才能调动听众的注意力，唤起听众听讲的热情和兴趣。例如，对青年人谈男女恋情，谈如何看待流行歌曲等问题很合他们的口味，但对中老年人就未必合适。显然，如果对山区老农大谈高能物理，谈得再好恐怕也不会受欢迎；倘若换成水土改良，情况就会大不一样。

为了适应不同类型听众的需要，选题要考虑适应度。选题的适应度较大，适应的听众面就较宽；反之，适应度较小，适应的听众面就较窄。一般来说，议题的专业化程度越高，其适应度就越小。

3. 从你的经验、专长和兴趣中挑选主题

你是在既有的知识储备的基础上进行演讲的。或许你被邀请发表演讲的原因正是："你能够对我们谈谈你对当前低迷经济的看法吗？"在另外一些场合，你的个人背景就是演讲题目很好的灵感源泉，完全可能发展成一篇引人注目且内容翔实的演讲。

其中个人的经历可以从以下几个方面来考虑：

（1）非同寻常的经历。想一下你旅行过的地方、从事过的工作或令你陷入困境的事情。如果真实可靠，这些都是值得一说的故事。不过，不要忽视那些在你自己看来是平淡无奇的经历，它们在别人的眼中或许会生动有趣。

（2）专业知识或专长。人们都希望了解事情是如何运转的。人们通常在聆听过程和步骤时兴致盎然，即使在从业者本人看来这些过程和步骤毫无出奇之处。

你也可以围绕你生活中所遇到的人来构建一篇演讲。还有诸如此类的话题——你可以对人类的天性或者我们文化中的某些方面提供独特的洞察和见识。

你会发现，对某一个主题知道得越多，你就觉得需要学习的东西也就越多。不要让这一点蒙蔽了你的双眼而看不到这一事实：和潜在听众相比，你在这一特殊兴趣领域所了解的知识仍然要远远多于他们。

（3）强烈的看法和信念。想一想，还有哪些话题能够令你热情高涨？这些话题或许触动了你的核心价值，它们通常能够成为很好的演讲主题。当你基于内心确信不疑的信念发表演讲时，你会更加放松自如。听众也会更加善解人意——即使他们持相反的看法，当他们看到你的演讲发自肺腑时，就不会心生抵触了。

同时要注意，在演讲中你立场不客观或失去理智，或是进行不适当的自我披露，将使你的听众尴尬不安，这都会影响演讲的效果。

4. 选择跟听众和场合相适宜的主题

为了选定一个你将要发表演讲的主题，你下面所需要做的是考虑听众和演讲的场合。在这一点上，你可以向自己发问的两个问题。

（1）听众的期望是什么？

（2）这些人现在的期望是什么？

知晓这些听众的构成以及他们为什么聚集到一起，可以帮助你排除许多主题。演讲内容要与演讲场合气氛相协调，也就是要考虑演讲的时间和空间环境。时空环境不仅指演讲现场的布置，也包括时间、背景、组织和听众等因素。显然，在喜庆的场合大谈悲凉，在悲哀的氛围中大讲欢愉都是荒唐的。

选题还应考虑可供演讲的时间。根据心理学的研究，一般人的大脑在1小时以内，只能解说或接收一两个重要问题。因此，选择演讲议题必须集中凝练，富有特色，时间要掌握得恰如其分。如果参加演讲比赛，更有必要了解限定的时间；否则到临场时修改内容，

增添删汰，就会手忙脚乱，甚至无所适从。此外，参加有多人演讲的会议，还要考虑自己演讲所安排的顺序是在会议的开头、中间还是结尾，并且还要了解在自己演讲之前的演讲者和在自己演讲之后的演讲者的情况。这些都与听众的心理定势和情绪有密切的关系，不可忽视。

5. 选择既适时又永恒的主题

在其他条件同等的情况下，最佳的主题是那些既适时又永恒的主题。某些话题一直以来并且永远将是人们津津乐道的对象。

当你把一个发生在当代的事件和某个永不衰亡的话题联系到一起时，你就联结了适时和永恒这两个要素。但并不是说只要具备了这些要素，这个主题就是好的主题。先来考虑一下适时的标准。如果某一事件一连两周都占据了报纸的头版专栏，以该事件为主题的演讲或许可以称为适时的。但是，除非你能够在更为广阔的意义上向听众阐述你对此的见解，否则你只能向他们提供相当有限的有用信息。你浪费了他们的宝贵时间。

同样的道理，如果你不把你的主题和某个当前的现实问题联系起来，你的听众极有可能对你晦涩艰深的阐述毫无兴趣或不胜其烦。一个深奥的、永恒的主题应当和它的现实反映挂钩，而一篇适时的演讲应当指出该主题的永恒含义。

3

第三章 材料：演讲的骨和肉

一、收集材料的原则

收集材料是演讲非常重要的一个步骤，它是充实演讲主题，充分证明论点的有力条件。收集材料不能盲目进行，要遵循定向、充分、真实、新鲜、典型、具体和感人的原则。

1. 选择真实的材料

所谓真实，就是指材料的客观性，即所选材料是客观世界确实存在的、符合历史实际的。只有真实的材料才最有说服力，才最有利于人们形成坚定的信念。任意编造和虚构材料，势必与事实发生撞击，势必被揭穿。为了保证材料的准确性和可靠性，必须交代材料的出处，如引用事例必须讲清是什么人、什么时候、在什么地方、干什么事，为什么以及怎么样。即恪守5个"W"和1个"H"，Who（什么人），When（什么时候），Where（什么地方），What（什么），Why（为什么），How（怎样）。这样可增强真实感，提高信息的可信度和影响力。同时要知人论事，既不夸大事件的意义和拔高人物思想，也不低估事件的价值和贬损人物品德。对于选做论据的书面材料，要严格检查、核对；要善于鉴别，去伪存真；切忌抄转讹传，张冠李戴，引起哄笑。

2. 选择典型的材料

选取的材料，既要求真实、新鲜，还要求典型。真实具有可信度，新鲜具有吸引力；而典型则由于其深刻揭示事物本质，具有代表性，有较强的说服力。演讲的目的在于说服人、鼓动人。因而，要认真审慎地收集那些最能说明主旨、最具代表性的事实材料和事理材料，防止和避免材料的平淡化。

典型材料与一般材料是相比较而存在的。只有在充分掌握许多材料的基础上，才有比较余地，分出高下。在与众多材料进行比较时，要发现典型材料，关键在于演讲者的观察分析能力和思想认识水平。比如，为了说明树立正确的审美观和人生观的重要性，有人在众多的材料中选取了一位女大学生抑郁的材料。这位女大学生非常爱美，常为自己的单眼皮伤脑筋，后来自费做手术，不料手术无效，眼睛反而显得更难看。她陷入了极度苦恼之中，无法解脱，竟患上了抑郁症。显然，这种愚蠢的轻生行为竟然发生在一位正在接受着高等教育的人身上，这充分说明树立正确的审美观和人生观的必要性。

3. 选择充足的材料

材料要充足。演讲要求大量而详尽地收集和占有材料，既要纵向了解事物发生、发展的经过，又要横向了解事物各方面的联系。不仅了解事物的正面材料，而且还了解事物的反面材料，以便多方位、多角度进行分析、比较，这样可以避免认识上的主观性和片面性。材料越充分，思路就越开阔，论据就越充分，就越能正确有力地阐明观点，产生令人信服的雄辩力量。特别是学术演讲和法庭演讲，更要求论据充足，旁征博引。材料不足，往往难以言之成理，很难达到预定的目标。

4. 选择具体的材料

具体，是相对抽象笼统而言的。有些材料虽然真实、新鲜、典型，但由于详略处理不当，尽管讲清楚了来龙去脉，也使人感到"不够味""不解渴"。这恐怕就在于叙述太简略笼统所致。出现这种情况的原因，对于事例性的感性材料来说，往往是忽视了对重点材料的必要的渲染；从记叙的诸要素看，常常是对 Why（为什么）和 How（怎样）交代得不够。如果把 Why 和 How 的内容进行较为详细的阐述，做必要的渲染，就会显得具体，给人留下明晰的印象。如"他带病坚持工作，最后累倒在车床旁"，给人的印象就较笼统。如果进一步把他为什么带病工作，如何做的，怎样累倒的，累倒后又怎样，当时的现场怎么样等做必要的交代和渲染，给人的印象就具体得多。

5. 定向收集材料

收集材料要把准方向，防止盲目性和随意性。生活千头万绪，书报浩如烟海，时间和精力不容我们有见必记，有闻必录，这不仅没有必要，也没有可能。我们必须把准方向，有计划、有针对性地收集。所谓把准方向就是围绕论题进行，根据论题划定的区域范围，按计划、有重点地工作。选择的论题要大小适中，不宜太窄，也不宜过宽。太窄，往往会漏掉与之相关的材料，使用时没有回旋余地；太宽，往往难抓住主线和重点，造成内容芜杂臃肿，削弱和冲淡主题。例如，做一次题为"岗位成才"的演讲，不妨把收集目标集中在下列方面：从名人先哲的著作中收集有关成才的论述及有关部分和整体关系的论述；从教育学和心理学的图书中收集有关成才理论和有关青年心理特点及其发展趋势的论述；从历史图书中收集有关青年在工作中立志成才的故事；从报刊和现实生活中收集，特别是收集本单位青年在本职岗位上所做贡献的先进事例，等等。确定了这样一个范围和方向，收集材料就会顺利得多。

6. 选择新鲜的材料

新颖别致，是就听众的感觉而言的。新奇感是促使人们注意的心理因素。演讲者立论高妙，演讲材料新鲜，就能较好地激起听众的新奇感，引起注意。这对深化主旨，充实内容都有着十分重要的意义。演讲者"人云亦云"，重复使用别人用滥了的材料，就会令人感到乏味，甚至反感。因此，要尽力防止和避免材料的雷同。

要产生新鲜感，一方面要留心收集现实生活中新近发生的事情；另一方面也要善于收集那些过去早已发生但并不为人所知的事例。此外，还要善于观察分析，抓住现实中看似一般的材料，从中挖掘出新意来。这些当然不是信手可得的，而必须有耐心，有韧劲。鲁迅先生在这方面为我们树立了很好的榜样。他常借古讽今，十分生动。他常运用大量历史材料和现实材料，古今结合，使人感到异常新鲜、有趣。

7. 选择感人的材料

在演讲活动中，要注意选取能提高听众兴趣和打动听众感情的材料。在现实生活中，许多感人的事情都是看似违背常理、出人意料、不可思议，但又是在情理之中的。例如，有位演讲者在演讲时引用了一位老师上课老是请假跑厕所的事。这种事显然违背常理，令人好笑。可是，当你知道这位老师身患膀胱癌，长期尿血，直到他被抬上病床，大家才发现他揣了一大堆病假条却从不请假时，你会觉得看似违背常理的事情，其实却在情理之中。演讲者用这件事来表现这位老师的高风亮节，十分生动感人。在现实生活中，有许多这样的事例，关键在于要善于发现这种有违常理事例的特殊性。此外，演讲要感人，讲人们的奋斗经历，讲与听众切身利益相关的事，容易达到目的。

总之，收集演讲材料要力求做到定向、充分、真实、新鲜、典型、具体、感人。很多优秀的演说家在这方面为我们做出了很好的榜样。

下面是美国著名的废奴主义者、奴隶出身的弗·道格拉斯于1846年5月在伦敦发表的一次演讲的部分内容：

……这就是美国的奴隶制：没有结婚的权利，没有受教育的权利——福音的光辉透不进奴隶幽暗的心灵，法律禁止他读书识字。如果一个母亲教她的孩子认字，路易斯安那的法律就宣布她将受到绞刑。倘若一个父亲想让他的儿子识几个字母，他立即会受到鞭笞，而在另一场合之下，法庭可以随时把他处死。

奴隶主的残忍是罄竹难书的。……饥饿、血腥的皮鞭、锁链、口衔、拇指夹、猫抓背、九尾鞭、地牢、警犬，都被用来迫使奴隶安于他在美国为奴的处境……

（在美国）报上也时常刊登如下广告，叙述有的逃奴颈上戴着铁圈，脚上拴着铁链；有的浑身鞭痕；有的带着火红烙铁烧成的烫伤——他们的主人把自己的名字的开头字母烫进他们的皮肉里。……不久前发生过这样一桩事。一个女奴和一个男奴在缺乏任何法律保护作为夫妻的条件下结合在一起。他们的同居得到了他们主人的同意，而不是由于有权力这样做，他们成立了一个家。主人发现，为了他的利益起见最好把他们卖掉。但他根本不询问他们对这件事的愿望；他们是不予以考虑的。在拍板声中一男一女被带到拍卖台旁。喊声响了："瞧啊，谁出价？"想一想，是一对夫妇在待价而沽呀！女的被领上拍卖台，她的四肢照例是野蛮地展现在买主们面前的，他们可以像相马一般任意察看她。丈夫无能为力地站在那里，他对自己的妻子毫无权力；处置权是属于主人的。她被卖掉了。他接着被带到拍卖台上。他的双眼紧盯着走远的妻子；他以恳切的目光望着购买他妻子的那个人，乞求把他一起买去，但是他终于被别人买去了。他就要同他相亲相爱的女人永别，无论他说什么话，无论他做什么事，都不能使他免于这次分离了。他恳求他的新主人允许他去跟他妻子告别，但没有获准。在极度痛楚下，他挣扎着从新买他的主人那里冲向前去，打算同他的妻子话别；但是他被挡住了，并且当头挨了狠狠的一鞭，他马上被抓了起来。他太伤心了，所以当命令他出发时，他像死人一般倒在主人的脚边……

这篇演讲，淋漓尽致地揭露了美国奴隶制度的罪恶，真是催人泪下！这与演讲者精当选材有密切的关系。

二、准备属于自己的素材

这里强调一下"属于自己的素材",虽然念一本书也是一种准备,但并不是最好的方法。从书上找材料,是可以有帮助的,但假如一个人仅想从书本上得到一大堆现成的材料,立刻据为己有而讲给别人听,难以获得听众热烈的掌声。

下面是演讲大师卡耐基讲述的一个故事:

多年以前我为银行界开办了一个公开演讲班。这个班是在每星期五晚上五点至七点上课。某星期五下午某银行的罗先生一看表发觉已经四点半了,可是他还没准备讲什么。他走出了办公室,就在报摊上买了一本杂志,在去演讲班的途中,他挑选了一篇题目为《你只有十年的成功时间》的文章阅读。他阅读的目的只是在班上轮到他讲时,他能说点什么,而不至于冷场。

上课一小时后,他站起来试着很有兴趣、很有说服力地背诵那篇文章的内容。然而他并未消化那些内容,因而并未真正成为他自己的东西,只是肤浅的记忆而已,讲出来也就缺乏激情,当然听众也难以有较深印象。他提到的只是那篇文章的作者说这说那,但很少有罗先生自己的看法。于是我对他说:"罗先生,我们真正感兴趣的不是这篇文章作者怎么说,而是你和你的意见,告诉我们你本人有什么可说的,如果现在没有,就将这同样的题目留做下星期讲。你可将这篇文章再读一遍,并问自己是否和这位作者意见相同,相同的话就用你自己的经验证明他的见解。假如不同,就讲出何处不同与为何不同,这样讲出来才能吸引人,才能使人印象深刻。"

罗先生接受此建议,重读那篇文章之后,发觉他与原作者的意见完全不相同,于是他反复思考、发挥、整理自己的意见。在下一个星期罗先生站起来又讲这个题目时,讲的就是他自己的材料,是从他自己"矿源里"挖掘出来的"矿石",因而真实感人,使这次演讲非常成功。

这就是准备,只有自己真实的经验并加上深情的演讲才会成功。

三、选择精练的演讲材料

演讲材料选择的大致范围确定以后,还要注意选择精练的演讲材料。除了选材要真实、准确,一般来讲,选择精练材料还要遵循一定的标准:选材要紧紧围绕主题,选择新颖的、典型的材料,所选材料最好还要有针对性。

1. 选材要紧紧围绕主题

主题是选材的依据。选择材料必须紧紧围绕主题,选择材料时必须考虑它能否有力地支撑主题或为主题服务,否则,再生动的材料也不能用。即坚持这样一条原则:凡是能突出、烘托主题的材料就选用，否则就舍弃。能够有力支持主题的材料一般包括：演讲者自己受感动的材料；演讲者亲身实践证明了的材料；听众感兴趣的材料等。

在公元前44年，古罗马的布鲁图斯等人说凯撒大帝是暴君、有野心。凯撒的重臣安东尼为了驳斥他们的诡辩，在凯撒的葬礼上为凯撒做了辩护，在辩护词中，他选择了这样三个材料：

"他从前曾获胜边疆，所得的财帛都归入国库……"（这不是私心，而是公心。）

"他听到穷人的呼唤，也曾经流下泪来。"（这不是暴君，应是富有同情心的好君主。）

"那天过节时，你们眼睁睁地看着，我三次献皇冠劝他登基，他三次拒绝。"（这不是野心，而是虚心。）

这些材料都紧扣主题，直接支持和证明了他的观点，从而产生了无可辩驳的说服力。

2. 选择典型的材料

典型材料是指那些最鲜明、最有代表性、最能反映事物本质、体现演讲主题的材料。只有这样的材料才能以一当十、以小见大。

3. 选择有针对性的材料

演讲者在服从主题的前提下，选材还要有针对性。演讲者从听众需要出发，有针对性地选择材料，在组织和选取材料时，要针对不同场合、不同听众的具体特点、兴趣和爱好选择使用不同的材料。只有这样才能达到晓之以理、动之以情的效果，才能唤起听众的热情和兴趣。这种针对性包括：

（1）要针对听众的文化程度，把材料具体化、形象化，多选择听众能看到、听到、感觉到的材料。

（2）要选择符合听众心理和要求的材料，尽量使这些材料和听众的切身利益结合起来。

（3）要选择那些能给听众指明方向、能够教给听众行动的手段和方法的材料。

（4）要选择那些正确、准确、科学性强的材料，使听众相信和服从。

（5）要根据自身的特点，选取那些自己熟悉的、适合自己身份的材料，这样才能将主题表达得充分而深刻。在演讲时才能胸有成竹，具有说服力。

演讲材料的收集和选择是一个问题的两个方面，二者相辅相成，缺一不可。虽有先后之分，却无轻重之说。对此，演讲者应该切实地重视起来。

四、筛选材料要点的步骤

收集到足够的材料以后，把所有的想法根据演讲题目进行筛选，保留自己满意的部分，然后对它们进行综合，最后做到前后连贯，这个过程涉及很多步骤，主要包括：产生想法，把想法归类，把每类综合起来，然后重新考虑、调整并且理顺各种想法的关系，最终确定下各个要点。

1. 广泛收集想法

在准备演讲时，不要限制自己的思路。把你觉得演讲中可能提到的内容随手记下来，不管这些内容是在收集资料还是整理准备放弃的资料时碰到的。采用头脑风暴法，此时注重数量而不是质量。不要对任何想法心存偏见或轻易抛弃，把它写下来。现在不必为你记录的内容排列顺序。加快工作速度，即使其中有些只是另一种想法的不同表达或者与另外一些想法截然对立也不要在意。

2. 整理归类想法

你可以采用许多不同的办法进行组织整理，选择适合自己的一种或几种方式，加以组合，起决定作用的可以是视觉效果或者演讲内容。

基础的、可行的提纲。组织演讲内容最传统的办法是采用阶梯形的、缩格提纲的格式。但是在确定提纲的时候不要自我局限，认为只能用正式的、完整的句子列出提纲。用完整的句子列出提纲对你清楚表达要点和分要点很关键，但是运用主题提纲这种比较灵活的形式会更有好处。

因为你可能会尝试采用不同的办法整理思路，因此不要把时间浪费在措辞或格式上。以不同的方式对各项内容加以整理，使得它们能够和谐地组织起来，直到发现一种紧凑而清晰明了的结构为止。

概念图。概念图是一种理清思路的方式，通过它可以直观表示某些概念之间的相互关系。你可以按照其基本形式很快绘制出简单的图表，用中间标有说明的圆圈或方框表示，再用线把它们连起来。

从你的核心想法、你的主题入手，在一张纸的中间画圆圈或方框。然后利用整理的想法对其加以扩展，围绕主题写出几个要点，留出足够的空白以备将来补充分要点。围绕你最初的想法会出现若干新想法；把脑海中产生的新想法写下来，用线将相关的要点连起来。

调整可移动的想法。把内容分布在纸上各个部分；它也可以类似于列提纲，用线性方式连接内容。比如，你可以把自己的想法在记事贴上记下，把它们粘在墙上或桌上。你可以根据主题把它们集中起来，把某一组的某些部分移到另外一组，直到你对整体结构感到满意为止。或者，如果你更喜欢以线性方式考虑问题，则可以根据记事贴上的内容制定原始提纲，提纲可以写在任何地方，包括缩格记录的分要点。

另一种可行的方式是从收集资料的笔记卡片入手，在卡片上添加你自己的想法。我们建议你在查阅资料时使用笔记卡片，在上面注明标题。你可以从这里着手写下自己的看法、过渡句并再用一些卡片进行综合，把它们插在你认为适当的地方。像记事贴一样，你可以随意改变顺序和模式，变换尝试多种处理主题的方式。

充分展示每种组合方式的优点，不要急于下判断做选择。让自己享有充分的自由，能够随意调换各个部分，直到你认为满意为止。

经过这个过程，你已为自己的演讲准备了好几个可能的要点。下一步是选择最能满足你的演讲目的、效果最佳的要点。

3. 要点应独立且符合主题

一看你的论点陈述句，就应该想到你的演讲中应该包括哪些要点。明确必须做出回答的核心问题。一旦明白主题涉及的内容，你就能用论点陈述句检验提纲中的要点了。

除此之外，还要注意挑选彼此独立的要点。

要点之所以被称为要点不是偶然的，要点是扩展主题的有限几项核心的不可或缺的内容。

为了尽可能明确清晰地说明问题，要点应该彼此独立。每项都应该排除隶属于另一项的可能性。用简单的话来说，这条法则就是我们常说的一句格言"任何东西都有其所归和所属"。演讲者面临的挑战在于找出一种可以恰到好处地把所有内容加以安排的条理。

有时当你尝试把各项内容归为几个要点时，发现有些内容既可以属于一个要点也可以属于另一个要点。出现这种重叠现象时，你就会明白自己还没有理清思路，还没有为所有内容找到一个有效的分类系统。如果你不知道某项内容应该放在什么地方，听众当然也不会明白。

给要点分类的时候要遵循单一的原则，使所有内容可以归入某个要点，并且只能归入这个要点，这一点最重要。

往往会碰到这种情况，即某项内容在两个要点之间很难决定把它归入哪一类。对普通听众来说，最好的办法是把问题的范围缩小，排除某些模棱两可的要素，必要时把这些问题留到听众提问时解答。

如果一项内容可以放在两个地方，说明你的要点不能彼此独立。如果一项内容不能放在任何地方，这说明你离题了。

4. 确定要点的数量

虽然这条规则听起来过于武断，但是并不像你认为的那样束缚手脚。作为演讲者，你应该围绕几个要点整理自己的内容和思路。如果把每条思路都作为要点，结果弄得没有机会扩展其中任何一条。如果分要点过于庞杂，你就无法从中抽象出适合你演讲主题的东西。此外，如果你只有一个要点，那么你基本上只有主题，谈不上所谓的整理和组织演讲。

还有一点值得大家注意，就是要点如果超过五条，听众就记不住了。

重要性相同或逻辑作用平行的要点称为并列要点。用于解释、支持或服务于其他要点展开的逻辑推理过程，重要性较小的要点称为分要点。

你心中必须明白各种要点之间的关系是相对的。演讲的每条内容都既是并列要点，又是分要点，这也是对其他内容的综括。

逻辑推理类似于说明内容之间从属和并列关系，例如，汽车是一种有效的货物运输方式，因为汽车运输的目的地覆盖范围相当广阔；因为汽车的设计形式多种多样，灵活多变；

因为汽车相对易于操作。

显然,原因从属于它们所支持的要点。

安排演讲内容时用于证明要点的论据不能与要点具有同等的重要性,或与要点并列。

第四章 演讲稿:现场演讲的主要参考

一、演讲稿的作用

许多初学演讲的人认为,演讲稿只要写个提纲,打个腹稿就行,无须完整的准备;还有的人认为有了成文的演讲稿,演讲就会囿于文辞,照本宣科,使演讲失去其生动性和灵活性。这种看法是片面的。虽然照本宣科的念稿式的演讲会使听众厌烦、反感,是拙劣的、不可取的,可是我们不能因为演讲稿可能导致这种消极影响而忽视了它在演讲中的积极作用。事实上,成功的演讲,大都是备有完整的文稿的。具体而言,演讲稿的作用表现在下面几个方面。

1. 保证思路畅通,帮助消除怯场心理

编列提纲为演讲的语流疏理了河床,规定了流向;而成文的讲稿,则具体地描绘了语流的状况。演讲者由于预先设计好了蓝图,心中有底,思路畅通无阻,便可以消除演讲时的种种顾虑和恐惧心理,轻松自如,有利于一心一意加强态势技巧,全力发挥主动性和灵活性,使演讲声情并茂,圆满成功。

2. 避免临场斟酌词句,增强语言的感染力

演讲主要是以有声语言和相关的态势语言来表达思想的。有声语言不仅具有传声性,而且具有表情性。演讲者不仅通过声调的高低强弱、语气的轻重缓急生动具体地反映客观事物,而且可以通过声调、语气或动作表情等把"只可意会,难以言传"的东西表达出来,使听众心领神会。然而,在没有讲稿的情况下,演讲者在演讲现场临时把思想转变为有声语言的过程很短,没有足够的时间来斟酌词句,必然会出现一些"嗯""嗯""呀""呀"以及凌乱、模糊和不必要的重复等毛病。为了防止口头语中的各种偏差,必须减少现场临时斟酌词句的情况,预先写好演讲文稿。因为根据提纲撰写演讲文稿,事实上是把默讲变成书面语言,其实质是把口头语言变成书面语言。在这个过程中,经过认真、仔细的揣摩,那种词不达意、言不及义的现象能得以克服。在正式演讲时再将这种书面语言的讲稿转变为有声语言时,就能达到出口成章,使语言表现力大大增强。

3. 促进演讲规律的研究

演讲是一门独立的学科,演讲稿的写作有别于一般文章的写作,也不同于平常讲话记录。演讲稿虽然是书面表达的形式,却要特别考虑口头表达的需要和临场的需要;它虽然最终用口语发表,但却又具有规范、严谨的特点,有更为明确的目的性和清楚的条理性。无论是从发表形式还是从内容构成上看,演讲稿的撰写都有其个性特征。这种特征是受演讲的特点影响和制约造成的。因此,通过对演讲稿的撰写和研究,还可以促进和加深我们对演讲的各种技能技巧的研究,正如河床规定了水流的走向,而水流的冲刷又对河床的形态产生相应的影响一样。

4. 对选材和提纲的实践性进行检验,进一步保证内容的完善

人们认识问题有一个由此及彼、由表及里的逐步深入完善的过程。演讲者完成了材料的收集、整理和提纲的编列以后，对演讲内容已经有了大体轮廓，但它毕竟只是一个框架，而不是完整的文稿。如果仅仅根据提纲去讲，就有可能因为选材、组材和提纲的疏漏而出现一些不尽如人意的地方；也可能由于认识的原因而出现临时性更改，打乱阵脚；还可能出现对于判断的程度、范围等的表述失当，等等。按照提纲写出讲稿，实际上就等于按照提纲进行默讲。这种默讲不像临场演讲那样，一旦讲出就变成最终形式。在这个过程中，演讲者有充裕的时间对自己的讲话进行修改，使它完美贴切。因此，这个默讲的过程实质上就是对选材、组材和提纲编列是否恰当的一次实践性检验，也是认识进一步深化、思想进一步明朗化条理化的过程。通过撰写演讲文稿，可以进一步修改、完善、充实演讲内容，保证演讲的质量，保证内容的完美，使观点和材料得到高度的统一。

5. 帮助限定时速，避免时间松紧失当

演讲通常限制时间，要在一定的时间范围内完成。如果没有准备好演讲稿，时间往往难以掌握得当。要么前松后紧，开头大肆发挥，扩展内容，到后来就大删大砍，虎头蛇尾；要么前紧后松，开头讲得太简略，到后来拖拖拉拉，画蛇添足，令人生厌。有了演讲稿，可以按字数的多少来计算演讲的时间，演讲者在自己的思维中加进文字之外的语言成分，便可以计算演讲的速度，有计划、从容不迫地在限定的时间里完成演讲。

二、演讲稿力求有新意

只有创造之花才有永开不败的美丽，观点表述的创新是演讲生命力的源泉。掌握创新思维的方法，提出新颖而富有吸引力的观点，是演讲者水平和实力的真正体现。创新虽不是一件容易的事情，但只要我们熟练地掌握一些创新思维的方法，就能在演讲实践中提出新颖而富有吸引力的观点，从而使我们的演讲更为听众所喜闻乐见。

1. 提升内涵

对待事业，即使有心栽花花不开，也要栽；对待名利，即使无心插柳柳成荫，也要插。有心栽花花不开，无心插柳柳成荫，这句俗话的形式和内涵广为人知，笔者借用它，稍加改动，以表明自己的观点，就得到了听众的认可。

生活中有许多流传甚广的话，如民谣、俗语、谚语等，它们被人们所理解的内涵是相对固定的，如果演讲者能巧妙地借用这些老的形式，并加以改进，赋予它新的内涵，就能在演讲中进行观点创新，找到取之不竭的宝贵资源，只要演讲者能自圆其说且言之有理，就能在听众的认识上达成一种新的和谐。

2. 破旧立新

破旧立新，就是在否定、破除旧的观点之后，提出与旧观点相反或相对的新观点，虽然破旧立新的难度和风险较大，但只要有前人所未言的勇气，有实事求是的科学态度，就能收到语出惊人、震撼人心的特殊效果。

3. 由此及彼

深圳华为公司总裁任正非在演讲中曾提出一个重要的新观点，他说："生活上和工作上的艰苦奋斗，比较容易引起人们的关注，而思想上的艰苦奋斗，看不见，摸不着，难以引起人们足够的重视，正因为如此，有些人就越来越淡化了思想上的艰苦奋斗精神，其突出表现就是身勤脑懒，整天东跑西颠，显得忙忙碌碌，可一旦遇到费脑筋的事，却不肯或不善于下一番工夫去深入思索，因而这些人跑得再勤，也跑不出多大所以然来……唐代韩愈有句名言'行成于思毁于随'这句话是很有哲理的，所以我们要提倡思想上的艰苦奋斗，本质的要求就是要在思想上吃得起苦。以往我们对艰苦奋斗的理解普遍停留在能吃苦、不怕累、出大力、流大汗的层次上，关注点主要集中在生活和工作方面，提倡这一点无疑是应该的，但在知识经济背景下的高科技企业的竞争当中，光讲生活上和工作上的艰苦奋斗是不够的，还应该突出强调思想上的艰苦奋斗。"

演讲者提出的这一新观点，对市场竞争中的高科技企业来说，其深意和新意是不言而喻的。

事物是辩证的，问题总有多面性，但由于我们认识上的局限性或事物发展过程中的规律性的影响，我们在表达某一观点时往往只知其一，不知其二，或只讲其一，不讲其二。当然，坚持和强调"这一方面"是应该的，因为它也是正确的公认的观点，但如果我们顾此而失彼，就会妨碍认识的深入和工作的改进，因为随着事物的发展，坚持和强调"另一方面"的意义也非常重要。如果演讲者能由此及彼，即在不否认现有观点的前提下，敏锐地发现问题的"另一方面"并适当加以强调，就能达到演讲观点深、新并举的目的。

4. 由浅入深

索尼公司的创始人井深大曾于1971年出版过一本极为畅销的书《始于幼儿园为时过晚》。当时人们普遍认定的是：大学教育的基础在中学，中学教育的基础在小学，而井深大则把问题再深入挖掘一层，认为还要重视幼儿园的教育，最后的结论是：不！始于幼儿园也已经太迟。从大脑生理学的角度来看，生下来的婴儿具有100亿以上的脑细胞，同没有"接线"的计算机一样，在这样的头脑还没有成熟时，是否给予刺激，将决定"接线"即组成头脑形状的好坏，所谓"接线"在四岁时要完成60%，八九岁时要完成95%，十七岁时要全部完成，所以，在幼儿时，如果缺乏良好的刺激是不行的。

这虽然不是一个演讲实例，但从思维的角度来说，对演讲的创新思维无疑是很有启发意义的。

有时关于某一问题已形成结论并被人们当作定论广为接受，似乎再也没有思考下去的必要了，但实际情形远非如此，只要我们再往前走一步，就会发现"风景那边更好"。

5. 旧话题出新的方法

演讲的成功首先要靠新颖的内容、独到的见解，而在演讲中常常会有老话重提的问题。

特别是那种命题式或半命题式的演讲，大家讲同一主题，或同一范围的话题，很容易彼此雷同，落入他人窠臼。并且，同题演讲，时间长了，听众也容易产生厌倦情绪，从而出现"审美疲劳"。如何使你的演讲别出新意呢？

以精彩的开头，在听众"疲劳"前抓住他们。

在一次演讲赛上，前面已经有许多选手讲过了，临到最后一位上场时，观众有些坐不住了。这位选手上场的第一句话便说："该讲的前面的同志都讲了，我是上台来打句号的。不过在句号未画圆之前，我还想先打个问号……"

这样的开场白很有特色，马上就能引起听众的兴趣。精彩的开场白最好是在撰写讲稿时就事先准备好。

讲老话题不像新话题那样有吸引力，如果开头的两三分钟抓不住听众的心，听众便会走神。其实，不管多么老的话题，当演讲者刚走上讲台时，听众总会有瞬间的新鲜感，你就应当设法抓住这种稍纵即逝的契机，找到一个妙趣横生的开头，以避免或延缓听众厌倦情绪的出现，为成功奠定基础。

构思演讲稿时，在平常的思维套路中选择切入点。

一般来说，演讲稿的撰写一定要选择好切入主题的视角。特别是讲老话题或同题演讲时，更要避免按人们所熟知的套路去行文，而要善于找到新的切入角度，以便使人在习以为常的讲法中听出与众不同的味道。

在众口一词的结论中挖掘独到见解。

有些演讲之所以受到热烈欢迎，就在于演讲者在众口一词的结论中挖掘出了新意，具有自己独到的见解。如果一个演讲者在准备演讲稿时便自觉地做创新式的思考，那他就有可能使自己的演讲自出机杼，别具新意。

无论是命题演讲还是非命题演讲，你所讲述的道理一般都是带普遍性的，或是人所共知的，其话题中往往会有很多现成的、公认的甚至是经典的结论。你在准备讲稿时可以对现成的结论再做一番思考和挖掘，从而独辟蹊径，见常人所未见，发常人所未发，提出新的见解。当然，这种独到见解不是故作惊人之语、信口开河，也不是说所有现成结论都要推翻，而是说你必须讲出言之成理、持之有故的真知灼见。

三、演讲稿的写作要求

具有充分现场感觉的演讲稿才是一篇出色的演讲稿。一篇成功的演讲稿要充分考虑现场的要求，并以此作为展开演讲稿写作的出发点。一般来说，演讲稿的写作有下面几个要求。

1. 精心准备，有的放矢

演讲的效果，主要看演讲的思想内容在听众的思想和行为中所引起的影响和作用。而要使演讲产生良好的效果，就要进行精心的准备。古语说，"凡事预则立，不预则废"、"宜未雨而绸缪,勿临渴而掘井"。所以只有精心准备、认真编写演讲稿,才能使演讲收到良好的效果。

编写演讲稿,需要从以下几个方面做好准备。

(1) 从现场听众的鉴赏水平出发

1972年,尼克松总统访华时在答谢宴会上的祝词中说:"昨天,我们同几亿电视观众一起,看到了名副其实的世界奇迹之一——中国的长城。当我在城墙上漫步时,我想到了为了建筑这座城墙而付出的牺牲;我想到它所显示的在悠久的历史上始终保持独立的中国人民的决心;我想到这样一个事实,就是,长城告诉我们,中国有伟大的历史,建筑这个世界奇迹的人民也有伟大的未来。"

面对在座的中国官员,作为美国总统的尼克松热情赞扬了中国人引以自豪的长城,是很能博得好感的,也淡化了两国政府的原则分歧所造成的阴影。演讲还围绕长城借题发挥又说了几段话,使"拆除我们之间的这座城墙"这个并不轻松的话题显得轻松起来。

听众的性别、年龄、种族等自然特点和情感、意志、趣味等心理特点以及文化、教养、境遇等社会特点,都要纳入演讲稿的构思之中,以便与形式共鸣。撰稿时的感觉,应是面对听众,说出他们乐于倾听的话。即便是一个说法一个称呼语也是值得再三斟酌的。

(2) 对演讲场合即自然环境、社会历史背景的研究思考

俗话说:"到什么山上唱什么歌","量体裁衣,看菜吃饭"。编写演讲稿不仅要考虑听众对象,而且要考虑演讲时的自然环境和社会环境、历史背景、当时当地的政治倾向、思想动态、学术文化气氛、风土人情、民情民俗等,还要考虑这些因素对演讲所传播的观点是同化吸收趋向,还是排斥背离倾向,等等。对于这些,演讲稿起草者如果做到了充分的调查和思考,就有可能把内容确定得更为恰当,措辞更为得体。

(3) 要适合现场表达

在秋瑾的著名演讲《警告二万万同胞》中讲道:"陈后主兴了这缠足的例子,我们要是有羞耻的,就应当兴师问罪!既不然,难道他捆着我的腿?我不会不缠的么?男子怕我们有知识、有学问,爬上他们的头,不准我们求学,我们难道不会和他分辩,就应了么?这总是我们女子自己放弃责任,样样事一见男子做了,自己就乐得偷懒,图安乐。男子说我没用,我就没用;说我不行,只要保着眼前舒服,就做奴隶也不问了。自己又看看无功受禄,恐怕行不长久,一听见男子喜欢脚小,就急急忙忙把它缠了,使男人看见喜欢,庶可以藉此吃白饭。"

这段文字既是精妙的语句组合,又是晓畅通俗的口语;既有催人猛醒的连珠炮式的反问,又有冷静剖析的精到陈述;既有信手拈来的散句,又有回环复沓的顶针式排比;既有变化多端的语气语态,又在语句上恣意而为;短句为主,长短参差,如同信口而说,但又富于韵律;既是逻辑严密的议论,又是行云流水般的叙述;既是高屋建瓴的精辟之言,又

像拉家常一样平易；既有愤慨之问，又有幽默之语。只是阅读，就觉得演讲者的声音、神情、态度呼之欲出。这样的文字无疑是适合亦讲亦演的现场表达。

演讲语言是经过精心锤炼和构筑的口语，是生活化的语言，这就要求它的语汇、句式和语气都应有浓厚的口语色彩，通俗晓畅，自然流动。它应适合自如的口头表达。演讲语言也为演讲者运用语气、停顿、语调等语音手段和感情、手势等体态语言提供了充分的表现余地。总之，无论如何演讲语言既要能讲又要能演，便于现场表达。在起草演讲稿时，应尽量摆脱其他文体的负面影响，在语言体裁的抒情上以适合现场表达为尺度。

2. 明确演讲主旨，突出中心思想

一次演讲涉及的内容可能很多，可是必须有明确的主旨，给听众一个经过提炼的核心思想。提倡什么、反对什么，都要旗帜鲜明，绝对不能模棱两可、含糊其辞。

为了使主旨明确、中心突出，许多成功的演讲稿通常采取以下方法。

（1）把主旨作为演讲稿的标题

这种方式使人醒目，可以点明题中应有之义，起到画龙点睛的作用；也可以帮助听众明确演讲主旨，建立感情上的"热点"，所以为许多演讲稿所采用。许多演讲的标题都在一定意义上揭示了演讲的主旨，这既有利于演讲者思想的集中表达，又有助于听众的领会和吸收。

（2）提炼中心思想，把主旨单一化

鲁迅说："绞许多脑汁，炼成极精锐的一击。"主旨集中就能"提神"。除了博大精深的学术性演讲和某些事务性演讲外，一般的演讲，尤其是简短的演讲，以确定单一的主旨为好。提炼主旨要"目标始终如一，方寸一丝不乱"，立定主意，"一言以贯之"。单一主旨对于一般演讲都是适用的。许多演讲名篇，都是主旨单一、集中而又鲜明的。主旨单一，就能做到言简意赅，词约旨丰，思想凝练，在听众心中产生深刻的影响。

（3）调动演讲稿构成的一切要素，为明确主旨服务

演讲稿的主旨是贯穿全文的主旋律。材料、结构、语言、表达方式都要服从主旨的需要。

以演讲主旨和所使用材料的关系而论，两者应具有一致性、交融性。主旨是全部材料思想意义的集中概括和升华，材料必须注入并体现主旨的灵魂，这样才能收到良好的效果。

在演讲稿的结构、语言、表达方式等各个方面，都要谋求与主旨的协调，这有利于主旨的明确、清晰和突出。

3. 适合于现场调控

鲁迅的演讲《文学与政治的歧途》有段精彩的插曲："北京有一派人骂新文学家，说：'你们不应该拿社会上的穷人和人力车夫做材料。你们作诗作小说应该用才子佳人做材料，才算是美，才算是雅，你们为什么不躲进象牙之塔？'但他们现在也都跑到南方来了，因为北京的象牙之塔已经倒塌，没有人送饭给他们吃，不能不跑了……为人生的文学家，平

时就很危险，到了革命的时候，死的死，流落的流落，因为他们的感觉比普通一般人敏捷，他们所看到的想到的，平常的人都不了然，他们的境遇往往是困苦的，所以能够看见别的困苦。"

这段文字一方面成功地表达了演讲内容，另一方面又顾及了现场调控。北京的"一派人"的话中有一句："你们为什么不躲进象牙之塔？"而引用过来自然就引起听众对演讲者如何作答拭目以待，然而只用一个"但"字转到他们不"美"不"雅"地逃到南方混饭吃，以其行驭其言，俏皮机智，令人哑然失笑；接着又用为人生的文学家的艰难处境与之对比，含蓄地予以赞扬。如果说这是一个不露形迹的情绪热点的话，那么前面的冷嘲就是有力的反衬式铺垫和蓄势。这段演讲看似漫不经心，但对材料的选择和组合，对先谈什么后谈什么以及怎样说，都有精心的考虑，以求得更好地调控和驾驭听众。

写作演讲稿的运思阶段就要顾及针对听众的现场调控。要适当地预设或埋伏一连串能够触发听众的想象、情感、意志、经验等的兴奋点，以便张弛有度、擒纵自如地驾驭现场，调控听众，促使听众参与，更好地进行现场交流。在成稿过程中，要围绕演讲目的和内容，在开头、过渡、展开、收束等各个环节上有意识地运用调控技巧。比如，在行文上，设置悬念以引人入胜，运用蓄势的手法导向情绪的共鸣点，形成一个个激荡人心的旋涡。还可以点缀一些精妙的小插曲，以调节心理、活跃气氛，化隔膜为亲密，化挑剔为欣赏。其实调控手段远不止这些。

4. 结构合理

演讲稿结构的基本要求是协调和谐。"凤头""猪肚""豹尾"的形象化说法，原则上也适用于讲稿的大结构。

演讲稿结构的最大特色是简洁明晰。演讲稿不同于一般供阅读的文章。一般文章读者可以反复阅读玩味，即使结构层次复杂一些，也可以经过分析而掌握。演讲稿是口耳相传的，而口述的信息稍纵即逝，容易与听众的听觉、思维之间出现游离脱节现象。如果演讲结构复杂，头绪纷繁，甚至思路紊乱，听众就难以理解演讲内容。为了使演讲收到最佳效果，应尽可能简化演讲结构，尤其是对长篇演讲，更应该使结构简明化。

把所要讲述的思想、材料进行逻辑分类。对问题的划分尽量明确，防止互相交叉和互相包容。这是使结构简明化的根本方法。

注明大结构和大纲目的序列号。例如，第一个问题、第二个问题……或(一)、(二)……

把纲目的要点用准确的标题语言醒目地呈现出来。要使演讲稿的头绪清楚，脉络分明，在很大程度上依赖于目录。

在内容层次转换过渡处，多用明转法，少用暗转法。即采用提示语、交代语、承上启下语、前后照应语或小结语等，便于听众把握内容的梗概和轮廓。

5. 有一定的风格

演讲稿的风格主要指的是演讲的语言或文学风格。

演讲稿的风格，应该尽可能符合听众了解的风格。但一般来说，演讲者可能需要介绍几个在日常说话中不常使用的词语，而却又是听众能够接受的语汇，增强风格色彩。

但是这种情形应该维持在最低限度，而且如果某个词语讲出来显得很奇怪，或者超过听众平常使用的范围，演讲者就应该提醒大家特别注意，并小心说明其意义。

有些时候，演讲者可能会在演讲中使用某些一般人常用的词语，但这些词语在演讲中却具有特殊的意义，这时候他就必须很慎重地向听众说明应该如何使用这些字，并且再三地提醒他们这些字在此处的用法，否则听众一定会感到很困惑。所以，最好避免使用技术性的词语或艺术名词，并少用带有特殊意义的平常字眼，尤其是对一般听众演讲时。

风格的另一规则，可以用两句话来形容：第一，语句应该清楚明白；第二，语句应该不平凡也不艰涩。这两点说起来容易，做起来却不简单。

四、演讲稿的修改

演讲稿的修改要以演讲的目的和宗旨为标准，演讲稿的修改主要从演讲材料入手，注意演讲观点的正确性，演讲稿的修改还要讲求精益求精。

在揣摩腹稿和拟写提纲时，已经酝酿得比较成熟，便可以依照提纲，顺着思路不停地写下去。但是具体到如何遣词造句，如何运用语言表达技巧等，则不能不费点心思。否则词不达意、言不尽意也不好。

起草初稿，即按照拟好的提纲，把所要表达的内容整理成完整有序的文章。提纲只是将腹稿的大致轮廓描绘下来，起草成文才将以前的全部思维成果物质化、视觉化，成为有形可视的蓝本。这个蓝本是临场的定心丸。

打草稿跟打腹稿一样，也是一个艰苦的脑力劳动过程。在这个过程中，活跃在脑子里的思想、见解等，仍将继续深化和逐步完善，构想的思路将更加清晰，随时还可能有新的思想闪现。这实际上是一个再创造的过程。

初稿写好以后，还要对初稿进行加工修改。"玉不琢，不成器"，"文章不厌百回改"。初稿写成之后，必须反复修改。好文章都是经过修改出来的，谁也不可能下笔即达胜境。只有经过反复推敲、反复修改，才能使初稿渐趋成熟和完善。

修改时着重注意以下几个方面。

1. 注意观点是否正确

首先，看全篇的观点是否正确，是否成熟，是否容易为听众理解和接受。如果有问题，或者欠成熟，必须做进一步的思考，绝不能随便去糊弄听众；其次，要看看中心议题是否确立，是否得到了鲜明突出的表现。中心不突出，讲话目的就得不到明确的体现。

2. 注意材料的修改

看看材料是否真实、具体、全面、充分，是否用得恰当，是否能够准确有力地说明问题和表达观点。少则增，多则删，不当则换，虚假的材料则要剔除，毫不犹豫。

3. 注意结构的修改

看结构，是否完整、紧凑且富有变化；看开场白，是否够味，有吸引力；看高潮，是否有令人振奋的高潮，高潮的位置是否恰当；看结尾，是否有魅力；看段落，层次、段落的划分和安排是否妥当、清楚；看衔接，上下文之间的衔接、过渡是否自然；看照应，前后照应得好不好；看全篇，全文脉络是否贯通。

如果某方面安排不合理，例如，层次、段落的划分和安排还不够清楚，就应立即对其进行妥当的调整和修改。

4. 注意语言的修改

演讲口才是一种语言艺术，锤炼语言是演讲家的基本功。初稿写成后，还要注意进行语言的修改。

看看句子是否通顺，文字是否简练。这是最基本的要求，写得不通就读不通、讲不通；文字不简练，说起来就不顺畅了。鲁迅说："写完后至少看两遍，竭力将可有可无的字、句、段删去，毫无可惜。"

（1）要口语化、大众化。起草演讲稿虽然是笔头的功夫，但写出来的东西是用来讲的，不是用来看的，因此必须适合有声语言的特点。

（2）弹琴看听众，说话看对象。如果是面向普通的工人、农民、市民，就必须使用浅显、平易、朴实的文字，尽量少用专业术语，更不可咬文嚼字，故作高深，否则不易为他们接受。如果是对具有较高文化素养的人讲话，语言就可适当文雅些，让自己的谈吐适应他们的水平。当然，能够做到雅俗共赏是最理想的，那将使你拥有更多的听众。

（3）用词准确生动，富有表现力。语言都需生动形象，有感情，有色彩。要看看修辞是否贴切，是否恰到好处。

（4）语言郎朗上口，节奏铿锵有力。最后，要试着朗读几遍，看看效果如何。比如，念起来是否上口，语气是否适宜，感情是否饱满，音韵是否和谐，节奏是否铿锵有力。

5. 注意篇幅的修改

面对听众的独白式发言，往往有一定的时间限制，修改时还需考虑篇幅的长短是否符合规定的时限。如果超过规定时限，应当压缩文字，删减篇幅；倘若不到规定的时限，如有必要，可以再适当增加些材料、扩充内容。

篇幅的修改要做到心中有数，最好是在保证内容完整的前提下，使内容具有一定的伸缩性。这样，临场时，可以根据听众的反应和时间的要求，随时做出灵活机动的调整。

五、演讲词句的锤炼

词汇是支撑演讲的根本，演讲要选择易于被听众理解和接受的词汇，选好词并不代表有了好的演讲稿，我们还要锤炼演讲语句，并且要注重修辞的使用。

1. 演讲的选词

他的一生是短促的，然而也是充实的，作品比岁月还多。

唉！这坚强的，永不知疲倦的工作者，这哲学家、思想家，这诗人、天才，在我们中间，过着暴风骤雨般的生活，充满了斗争、争吵、战斗，一切伟大的人物在每个时代遭逢的生活。今天，他安息了。他走出了纷争与仇恨。他在同一天步入光荣，步入了坟墓。从今以后，他和祖国的星星在一起，辉耀于我们上空的云层之间。

你们站在这里，有没有羡妒他的心思！

各位先生，面对这样一种损失，不管我们怎样悲痛，就忍受一下这些重大打击吧！打击再伤心，再严重，也先接受下来再说吧。在我们这样一个时代，不时有伟大的死亡刺激充满了疑问与怀疑的心灵，因而对宗教信仰发生动摇，这也许是适宜的，这也许是必要的。上天使人民面对着最高的神秘，对死亡加以思考，知道自己做的是什么，死亡是伟大的平等，也是伟大的自由。

上天知道自己做的是什么，因为这是最高的教训。一个崇高的心灵，气象万千，走进另一个世界。他本来有着天才看得见的翅膀，久久停在人民的上空，忽而展开人看不见的另外的翅膀，骤然投入了不可知。这时候每个人心中所能有的，只有庄严和严肃的思想。

不，不是不可知！不，我在另一个沉痛的场合里已经说过了，我就不知疲倦地再说一遍吧：不，不是夜晚，而是光明；不是结束，而是开始；不是空虚，而是永生！你们中间有谁嫌我这话不对吗？这样的棺柩，表明的就是不朽。面对着某些显赫的死者，人更清楚地感到这种理智的神圣命运，走过大地为了受难，为了洗净自己。大家把这种理智叫做人，还彼此说：那些生时是天下的人，死后就不可能不是灵！

这是雨果的《给巴尔扎克》的最后几段，演讲饱含激情，用词清晰、具体、生动。读来流畅，听来悦耳。

演讲最忌空泛。有些演讲者总想在演讲中多用点优美词语，于是堆砌词藻，咬文嚼字，趋于雕琢。而这正好是演讲所忌讳的，演讲的选词要做到以下几点。

（1）准确。演讲中词语要用对用准，否则"一字一词，一句为之蹉跎"。这要求演讲者在选词时掌握词语的含义，辨别词义之间的细微差别，把握好词的感情色彩、语体色彩。

（2）洁净。单个的词语无所谓洁净之言。这里所说的是指具体的演讲中要字不虚设，词不虚发。这要求演讲者在演讲时明确词的含义，不用重复词，不用无义词。

（3）规范。演讲中要尽量避免深奥、绕口的词语。力避佶屈聱牙，晦涩难懂。

（4）和谐。演讲语言要琅琅上口，生动悦耳。选用双声叠韵词、叠音词，注意押韵合辙，平仄相间，以增添演讲的音乐美、节奏感。

2. 演讲要锤炼语句

十二年来，我饱尝了作为一个教师的酸甜苦辣，喜怒哀乐；十二年来，我更深层次、更立体地把握了教师的整体形象。教师是辛苦的，为了学生，他们夜以继日，整日操劳；教师是清贫的，为了别人他们含辛茹苦，不计酬劳；教师是磊落的，为了事业他们两袖清风，虚心清高；但教师是伟大的，为了祖国他们孜孜以求，不屈不挠。

这段话句式完整，匀称贯通，自然优美。演讲的语句要经过一番锤炼才能达到这样的水平。

演讲是一个动态过程。演讲所形成的特殊情境给其中每句话赋予特定的含义。这要求演讲者在炼句时首先要从演讲整体出发，从演讲情境考虑，做到精短、严整、自然、亲切。

一般来说，除了学术演讲，政论型演讲较多地运用长句、散句外，演讲的语句以短句、整句为多为美。

下面我们看看短句与整句的特色。

短句指字数少、形体短、结构简单的句式，演讲中运用短句可以明快、活泼、有力地表达感情，简洁、干净、利落地叙述事理。卓别林的演讲正是如此：战士们，你们别去为那些野兽们卖命啊！他们鄙视你们，奴役你们，统治你们，吩咐你们应当做什么，应当想什么，应当具有什么样的感情！他们强迫你们去操练，限定你们的伙食，把你们当牲口，用你们当炮灰。你们别去受这些丧失了理性的人摆布了。

整句是相对于散句而言的，它紧凑有力，严密集中。演讲在适当运用散句的基础上要多运用整句。整句包括排比、对偶、对比、顶真、回环等。

3. 注意辞章的使用

辞章泛指语法（文法）、修辞以及行文的表达方法和技巧。逻辑着重解决对不对的问题，语法、修辞和表达方法则着重解决准不准、美不美的问题。它们的完美结合，才能使演讲稿达到科学性与艺术性的高度统一。

演讲语言的最基本特征是口语化。最优秀的品格则是口语和书面语的合一性，既提炼成为口语和书面语的"合金"，但又不失口语化的基本特征。口语和书面语各有其特点和优点。口语朴素、简短、流畅、活泼、亲切、通俗易懂，但往往不够精确规范。书面语准确、规范、典雅，但往往结构复杂，书卷气过重，有时不易被人们理解。好的演讲稿应当兼取两者之长，扬长避短。既要考虑演讲时的口传言授，便于听众听懂；又要注意加强语言的表现力，认真加以提纯和锤炼。

演讲稿的语言还应尽可能做到准确、明晓、简洁、流畅。在此基础上进一步努力做到严密、深刻、生动、形象。这就需要适当采用比喻、排比、比拟、借代等修辞手法；还要灵活运用叙述和描写、概括和具体、曲折及率直、铺垫和纵横、抑和扬、虚和实、形象和理性等各种表现手段。当然，这些手段都应该服务于演讲目的和内容，注意对象、时间、场合等条件，务必应用得适当和得体。

第五章 预讲：精心准备是最有用的防弹衣

一、演讲前的口头准备

进行演讲前的口头准备工作是必不可少的一个步骤，也是演讲准备工作中的一个重要环节。

1. 演讲排练的重要性

反对排练的人会说，许多能力超凡的人并不排练，他们不会在演讲之前一遍又一遍地温习要讲的内容。但是他们有自己的排练方式：思考、筹划并考虑其他的方案和选择，他们并不需要去模拟演讲。这通常是因为他们想让自己熟悉演讲材料的同时不让自己在演讲的那天丧失自然表现的机会。他们认为排练或排练过度会让他们丧失"锋芒"。这种"无排练"方法对那些经验老到的演讲者、自信的人、熟悉演讲内容的人、能够根据实际情况自由剪裁演讲内容的人，以及喜欢冒一点险的人来说是十分有效的。

排练演讲的内容、时间把握、道具、服装以及特殊效果能给演讲者以自信。念出演讲词、做动作、适应房间的环境并感受气氛都能增强他们的控制感。排练的好处是演讲者能够检查对时间的把握程度、发现可能出差错的事情并提高演讲的流利度。

"成为一名成功的演讲者能让你受到注目并让你实现目标。我在演讲前从不草率行事。精心准备是我最有用的防弹衣！"一位非常擅长演讲的人士这样说。

2. 排练时要注意时间控制

在演讲之前，你应该对演讲所用的时间做到心中有数。演讲者除了无聊演讲之外的另一个大忌就是超时演讲。演讲超时间是对听众的无礼。每个人都有其他的事情要做，在你之后还有别的演讲者。听众不会因为你延长了演讲时间而感谢你，主办方也不会，而且其他的演讲者肯定也希望你马上下台。

如果你还是一个演讲生手，那么，无论是带稿排练还是脱稿排练，你都应该为你的演讲计时。因为如果脱稿演讲，你会习惯性地添加一些不相关的内容。如果你更有经验，你应该在自己面前放一个钟表，在演讲的过程中根据时间的变化增减内容。

3. 排练时要穿正装

穿正装排练时，你需要一面镜子、一名听众、一块表。使用你所有的道具、稿子、支持材料并尽可能真实地模仿实际情况。听众可以是镜子、录音机、你的朋友。听众是谁并不重要，重要的是你能和他们进行眼神交流。

如果你有机会能在演讲现场进行彩排，那么只要你有时间，不要犹豫，马上利用这个机会，尤其是活动规模较大，时间安排比较紧密，并且还需要动用大量设备的时候。和技术人员打好交道，他们就会对你更加照顾一些。即便你不会照着稿子念，也不管你的稿子是不是提纲，你仍然需要给他们一份，这会使他们对你的演讲内容有一个印象，而且你至少应该附上一份幻灯片、音乐和特效的播放顺序表。

当你熟悉稿子之后，你可以在脑中进行排练。在脑中演练会形成条件反射。你的大脑为你的动作储存了一个象征性的代表信号。所以当你真正做这些动作时，你的大脑就知道你已经做过这些了，这会让你的演讲更为得心应手一些。

在一次顺利的排练之后，在你去演讲的路上、在走廊里、从停车场进入会议室或从地下室进入会场时，要让自己进入状态。在去会场的途中就正式着装，除非万不得已，不要在车中或更衣室里换衣服。

把你在路上碰见的每一个人作为展示你职业水平的大好机会加以利用。一路上，你的肢体语言都要表现出积极的信号，这会帮助你在必要时迅速进入演讲状态。

4. 借助他人的力量

因为演讲要口头发表，所以应该口头组织内容。既然演讲的内容取决于演讲人与听众的双向互动，那么你演讲的准备工作也要借助于他人的力量。

你无法在基本的内容概要准备好之前进行预先的排演，但是有一种办法可以让你在仅有一点思路的情况下即可着手做口头的准备。试着把你心里的想法和话语说出来，看看它们是否适当。但是，你不是在听众面前练习自己的演讲技巧。吃午饭时与同事和朋友聊天，你可以随时表达自己的想法。你不必对每位听众的意见做出反应。在与几个人交谈后，你会发现自己已经开始准备演讲的措辞造句了。

一个人不可能始终以一成不变的口吻说话。即使你一个人坐在桌前准备演讲稿，合作者的意见和腔调也会影响你。这种现象很自然，你应该充分加以利用。

如果能够在更多正式的反馈和支持当中继续你口头的和互动式的准备，你真的非常幸运。

虽然你可以从多种渠道得到反馈，但是最可贵的反馈来自志同道合的人士。在演讲课上，他们可能是一群一起讨论想法和练习演讲的学生；在商务活动和职业场合，同行之间的互助合作也相当的重要，政治家和公民团体也认识到这一点。最雄辩的演讲人往往在准备演讲的整个过程中随时检查自己的发言效果。

二、演讲前的练习阶段

不同的演讲有不同的练习方法。总的来说，演讲前的三个练习阶段对演讲能力的提升非常重要。

1. 前期练习充实提纲

先在脑海中构思自己演讲的提纲。反复阅读多次，把它的逻辑顺序熟记在心。坐在桌前，轻声地把提纲念出来。向自己解释提纲的内容——一边思考一边说话。

然后找一个安静的角落，把演讲内容根据实际情况组织起来。站起来，以正常的说话声音演讲一遍，加入所有要讲的内容。不要自言自语，在澄清一个问题后，尽量把准备好的例子举出来。要尽早发现难读的单词、短语或句子结构。设想发表演讲的场合，设想自己处于这种场合。不要在心里想，"这只是排练罢了"，要做得像真的一样——就像看到听众的一张张脸，面对黑压压的人群发表演讲。不要有意识地关注自己的手势和声音以免分心。

经过一段时间之后，你会起草自己的第一份演讲稿。不要把它们珍藏在心里不再加以改动。在你推敲用词造句时，可以根据实际情况对原先的内容进行改动。记住，不要让自己拘泥于一种措辞用语不能自拔。

2. 通过中期练习获取反馈信息

现在你已对现有的资料感到得心应手，但是还没有进行最后的润色修饰，你应该花点时间就自己的演讲情况征求反馈意见。可以在其他人面前练习演讲，征求反馈意见。

在构思自己想法时可以征询他人的意见。不管他们是同事、家人还是朋友，你可以向他们征询各种各样的意见。认真听取他们的看法，但是如果可能，尽量超越与自己观点雷同的圈子去寻找批评者，这些批评者或许最贴近地代表了你可能面对的听众。

假设你的听众是一群中学生，请十几岁的侄子、外甥或其他青少年朋友来充当自己的听众，排练演讲。演讲时你要像面对真正的听众一样全心投入，不要因为紧张而手足无措。不要因为他们是朋友而使演讲非常随便松散。

请他们对演讲的内容和发言提出实事求是的看法，但是不要把任何人的意见看做最后判决。他或她就像所有其他人一样有自己的怪癖和偏见。这就是为什么请一群人充当听众情况会稍好一些，因为你可以综合多方的意见。

在你继续你的演讲准备之前得弄清楚这两个问题的答案。你是带着某种目的发言的，如果你发表演讲的整个原因不明确，其他一切都不值得一提。如果你认为自己目的明确并对此感到非常满意，你可以围绕下面的内容提出问题：

"你认为我表达自己想法的方式是否合乎逻辑顺序？"

"我的演讲是否始终吸引着你的注意力？哪一部分比较乏味或者混乱不清？""我有没有证明自己的观点？"

"我的开场白是否说明了将要发表的演讲内容？""结论部分是否紧扣演讲内容？"

"我的声音听起来是否自然？"

"我有没有表现出不自觉的分散听众注意力的举止？"如果不得不站在镜子前面练习，要注意把握分寸。

我们认为站在镜子前面练习弊大于利。如果演讲者在发表演讲时把注意力集中在自己的形象上面，这不符合我们的主张。我们觉得应该把意识集中在信息传达和你的听众身上。在练习时你脑子里始终考虑的应该是自己的听众——他们的面庞，他们的反应。如果你把自己设想成是独自一人站在台上，面对着台下黑压压的人群，这样做非常糟糕。

在镜子前面练习演讲时你会对自我形象更加在意，可能会把演讲当做表演而不是与观众的互动交融。站在镜子前面时，你不得不分神考虑自己在说什么，以及怎样说出这些内容。

如果你无法通过其他方式对自己的神态、手势和面部表情进行一般的审查并得到反馈，也许可以站在镜子前面检查一次。

3. 最后的练习

到此为止你应该已经对发言内容成竹在胸，同时已进入一种从容自如的状态。你不应该在最后期限之前仓促地进行大幅度的修改。

如果你要采用道具，应该尽早准备这些东西，以便在最后排练时把它们包括进来。在最后敲定演讲稿的问题上也是同样的道理。检查自己是否遵守了当初的时间安排。练习演讲时，站起来，采用实际演讲的节奏、口吻和声音。向众多的听众发表演讲时，你的音量会比早期练习时高，如果你的演讲技巧不太成熟比较生硬，这会是件很吃力的事。你要在最后排练时毫无羞怯地大声演讲，就像实际演讲时为了使大家听清楚你必须提高嗓门一样。

接着通读自己的笔记和提纲，但是不要用阅读笔记和提纲来取代正式的练习。

三、预讲的关键细节

演讲前的演练除了要注意前面提到的几个问题之外，还要注意一些关键的细节。这些细节主要包括下面几个方面。

1. 如何让预讲接近实际演讲

预讲越接近实际演讲的内容，排练的效果就越好。让预讲接近实际演讲的方法有下面几种。

预讲时要站着，大声讲。坐在写字台前反反复复地朗读记录的卡片，是与预讲相差十万八千里的。因为这种做法只能算是在进行某种研究或"做某种准备"，而不是在进行熟悉真实过程的预讲。

预讲时要使用在正式演讲中所需使用的一切材料。正式演讲时你使用幻灯片吗？使用地图、黑板或教学板吗？使用图表吗？那么在预讲中也要使用它们。这就是说，你必须尽量做到"全真模拟"，即使你现在所穿的衣服也应是上场时的服装，而决不要做"缺席审判"。

在一个与正式演讲的房屋、大小、类型都相同的房屋或大厅里进行预讲。你能进入正式演讲时所有的房间并在那里至少演习一两次吗？如果你有幸能够做到这一点，那么在进行正式演讲时，你就很容易因某种熟悉感和亲近感而较快地找到感觉、进入状态。如能这样，那么你的演讲就已经有了一半成功的把握。

尽可能地在听众面前预讲。让你的夫人、朋友、秘书、同僚听你的预讲，听听他们的批评和反应。他们是否听明白了你的演讲呢？你的演讲把他们说服了吗？他们认为你的表情和声音是否适当？你有没有什么习惯性的特殊偏好使他们感到厌烦？你的服饰看上去能给观众以某种美感吗？

2. 排练多久才能听上去自如并且充满自信

关于这个问题，有人说："事先练习一般是不可取的，未经练习的发言显得新鲜、自然，只有第一次从口中流出的思想才能这样。"这是肤浅的说法。要想听上去自然就得演练，而且不是一次。有些人认为，他们在发言或讲演之前所要做的只是在路上看过一遍稿子。这样的人太多了。他们不会显得自然，只会显得毫无准备。

古希腊著名的演讲家德谟斯梯尼对事先演练抱着非常重视的看法。他把自己关在地下室书房里达三个月之久，用来学习演讲的技巧。为了保证自己不会在达到目的之前出来，他把一边的头发剃光。等头发长出来后，德谟斯梯尼才走出地下室，终于成为一个造诣颇深的演讲家。

早在1770年，《说话的艺术》一书的作者就曾责备那些不够重视演习的演讲者。在上演节目之前，演员要一遍又一遍地彩排、练习。但是，作者认为，我们中间没有其他演讲者这样煞费苦心，尽管他们把大量的精力花在充实自己的知识上。这表明，对这种技能的忽视更多地出自对其意义的认识不足。为什么演讲家不能像演员那样进行多次的演练呢？为了准备发言，我们并不用像德谟斯梯尼那样在地下室里待上三个月。但是为了能在讲台前控制会场和吸引听众的注意力，并且避免局促感，应该大声地练习至少四遍。

3. 什么时候进行最后一次演练

越晚越好。如果你九点钟发表演讲，早上六点钟起来演练，这样在讲台上你对稿子就像对一位密友一样熟悉。在讲台上，头一天没有演练过的讲稿会变得十分陌生，而在发言前刚准备过的稿子就像为眼睛准备的快餐一样。许多人说，他们没有时间演练。如果没有时间练习，就不要接受演讲的安排。奥基尔维和玛瑟公司的荣誉总裁齐克·埃里奥特花二十八个小时准备一个发言。他能挤出时间，并因此获益匪浅。他是我们知道的最好的演讲者之一。

4. 发言时怎样保持目光前视

稿子上的句子向你的眼睛和舌头发出指令。如果你已经练习了四遍，对稿子的内容应该很熟悉，因此你可以做到百分之九十的时间目视前方。在开头、结尾、提问、警告、激动的时候，眼睛都要抬起来，要对听众的关注做出反应。

5. 怎样才能使自己的声音打动人

为了知道别人听你的声音感觉如何，在大声练习了四遍之后，把你的讲话录下来，放一遍听听。最能打动人心的是充满力量的声音，快慢相间，句子有长有短，还要有停顿，从而产生效果。关于发声方法，可以这样试试。把手放在腹部肋骨向两边分开的地方，像划船那样收缩腹肌、同时吐气发出"嘶"音，越长越好，利用缩肌协助发出噪音。胸部共鸣产生美感，鼻腔共鸣让人难受。如果你感到自己鼻音太重并想除去它，就把一只手放在腹上，另一只手平放在胸部。讲话时，胸部的那只手应能感到肋骨的振动。连续发"漏、漏、漏"的声音，看是否感到胸部共鸣。反复练习，直到有那种感觉。

总之，在你学习演讲时，你应当遵循上述步骤进行准备工作，它会正确地引导你的演讲走向成功。请你千万不要绕开这些步骤而异想天开地想走捷径，一旦你走了捷径，很可能就会误入歧途。因为捷径之中往往就隐藏着陷阱。

第六章 风格：树立自己的演讲品牌

一、演讲风格的基础知识

演讲口才也要有自己的风格,这是演讲者成功的重要因素之一。一位成功的演讲者在演讲过程中,会展示出一种富有鲜明个性的表现形态,它完美地反映了演讲者所要表达的内容实质以及心理变化。演讲风格的形成需要一个比较长的周期。

1. 演讲口才风格的含义

作为举世公认的大演讲家之一,列宁的演讲及其演讲口才风格也是独具个性的。列宁反击敌人或驳斥反对者时,最能显示其特有的演讲个性和演讲口才风格。

他把手指从西装背心里抽出来,身体微微向后伸直,轻轻后退几步,耸耸肩膀并摊开双手。紧接着,逻辑上的进攻便展开了:左手又重新插入背心里面,或者插入裤兜里,右手随着思维的节奏猛烈地振动起来。当列宁演讲到问题的关键点和中心时,他注视着听众,走到台边,俯身向前用双手抱成一个圆圈来强调自己的观点。

列宁的演讲,语言活泼,中肯准确,一针见血。他的演讲口才表达和他的文章一样,没有抽象的议论、空洞的说教、过多的数字,而是充满了生动的例子、形象的比喻。他把对抽象理论的阐述与对具体意见的说明、实际情况的分析有机结合起来,把精神的词汇与常用的口语甚至民间流行的俗语有机结合起来,从而增强了演讲的说服力。以至有的评论家说:"在这一方面,似乎任何人都未曾像列宁那样善于使用俄语。"高尔基对列宁的演讲口才风格也曾经做过精彩的评论:"他的演讲和谐、完美、直爽、有力,他在讲台上的整个形象简直就是件典型的艺术作品。"

演讲口才风格,指的是演讲过程中演讲者表现出来的一种口才个性和特色。也就是说,演讲口才风格是演讲者主观个性所具有的特点,是个人天赋的表现。演讲口才风格包含有各种情感的语言、口才的技巧、对听众稍瞬即逝的情绪的灵感反应以及利用即兴发言重新组织演讲的应变能力。同时,又涵括了演讲口才内在的节奏和语气的变换。

演讲口才风格是演讲者思想水平、理论素养及口语表达艺术水平的综合体现。演讲口才风格,以其构成原因为标准可分为两种:一是整体性演讲口才风格,二是个体性演讲口才风格。这里,我们所要研究的是个体性演讲口才风格。

个体性演讲口才风格主要由演讲的内容、形式和演讲者的人格等因素构成。演讲的内容由演讲的主题、题材、情感和知识等因素组成;演讲的形式主要包含演讲口语的表达形式。形式不能离开内容而存在,内容美决定于口语表达的形式美,形式美又能更好地反映内容美。演讲者的人格由演讲者的道德品质和思想修养等因素组成,是个体性演讲口才风格的要素之一,也是演讲者的内在因素在演讲过程中真实的表露的。

演讲口才风格的形成尽管有许多客观因素,但是最终使之发挥作用的还是演讲者的主观个性。没有演讲者的主观个性和特征,是难以谈论演讲口才风格的。

2. 演讲风格确定的依据

演讲风格的形成受时代的影响比较大。它在形成过程中，必须受特定时代的社会现实以及占主导地位的审美需要和审美心理的影响。演讲是与广大听众面对面的交流，演讲者要感染听众、激励听众、说服听众，就要选择听众所最为关注的时代内容，采用最具有时代特点的表现形式，表现出鲜明的时代风格。

演讲风格的形成离不开民族特征。演讲风格在形成过程中，因受所属民族特殊的物质生活条件、文化传统和共同的语言、心理的影响，从而表现出这一民族的某些特性。

演讲风格的形成，最重要的还在于个性风格的形成。有这样一句名言，"风格如其人"。例如，鲁迅善于哲理性的思考、犀利的讽刺，其演讲分析深刻、入木三分、幽默诙谐、富有哲理、外冷内热、于细微处见功夫。郭沫若的演讲热情洋溢，奔放不羁，观察事物往往大处着眼，用诗一般的语言欢呼、呐喊。两人风格迥异，但演讲都非常出色，这是他们在长期生活、斗争和演讲实践中，逐渐形成的自己独特的风格。

演讲口才风格与演讲风格是既紧密联系又有一定区别的两个概念。演讲风格是个大概念，它是演讲者通过演讲内容、表达方式、语言运用等途径所综合表现出来的具有个性化特色的演讲气派和演讲格调。而演讲的口才风格则是个小概念，它是演讲风格这个大概念中的一个组成部分。但是，演讲口才风格在整个演讲过程中却发挥着极其重要的作用。

3. 演讲口才风格的作用

演讲的口才风格直接关系到演讲的效果，它关系到听众实际接受信息的数量和质量。在整个演讲过程中发挥着极其重要的作用。

完美的演讲口才风格不仅具有深刻的表达力、磁铁般的吸引力和透彻的说服力，而且具有巨大的鼓动性和号召力。演讲发展的历史证明，真正有价值的演讲都能给听众增添巨大的精神动力。

演讲口才风格具有广泛的意义和作用，研究它不仅能提高演讲的效果，而对于演讲词的写作、演讲的鉴赏、演讲的评论、演讲理论的研究都具有重要的意义。从演讲者的角度来说，推敲演讲口才风格，可以认识自己的长处和短处，从而扬长避短，更好地发挥其演讲才能；从听众的角度来说，对演讲口才风格的把握，可以提高自己的演讲鉴赏和演讲评论能力，培养多方面的审美情趣；从演讲理论建设的角度来说，对演讲口才风格的认真研究，有利于全面地总结演讲的经验，科学地阐明演讲发展的规律，从而促进各种演讲口才风格百花齐放，促进演讲事业的兴旺、繁荣。

二、给演讲表达定一个基调

演讲的表达一般都有一个基调。基调确定下来以后能决定演讲活动中的许多因素。闻一多先生的《最后一次演讲》就在开篇确立了演讲的基调。

开始，闻一多先生不是慷慨激昂，而是把语调处理得很深沉、平静，似乎把一切愤慨都埋藏在心灵的深处，以一种"忍"的感觉，为后面的爆发"蓄力"。接下去感情奔泻而出，慷慨陈词，气吞山河。

高尔基曾说过："最难的是开始，就是第一句话。如同在音乐上一样，全曲的音调，都是它给予的。"这也对演讲的基调有了充分的肯定。

演讲者应利用语言的变化技巧（如轻重、快慢、升降、停顿等）把基调定好，以引起听众良好的思维定向。

一般来说，开始处要做到缓、平、稳，如果开始太高，到后来感情的强烈处就会声嘶力竭；如果开始过低，一些叙述性的部分表达时将没有力度，以后再突变高音就显得不和谐。基调确定好以后，切忌保持平坦行进，而应该有起有伏，有张有弛，前后照应，变化无穷。

演讲基调的确定还要注意到第一个音节的体现：第一音节发音不能太仓促，不能太响，应形成一个喇叭形，由弱到强。如读"啊"字，要表现出一个过程，当然不能太做作。

三、形成自己的演讲风格

演讲风格有不同的类型，如幽默型、深沉型、绚丽多彩型等。演讲者只有形成自己的演讲风格才能给自己的演讲带来生机和活力。演讲风格一旦形成，就有了自己的稳定性和变异性。

1. 演讲风格形成的途径

演讲风格的形成，离不开时代特点，因为它在形成过程中，必然要受特定时代的社会现实以及占主导地位的审美观念的影响；演讲风格的形成，也离不开民族特征，因为它的形成，必然要受民族特殊的文化传统和心理状态的影响，从而表现出民族的共同特征。但是，演讲风格的形成，最重要的还在于主观个性风格的形成，即所谓"风格如其人"。而个性风格的形成，则是一个反复实践、探索、体验，伴之以学习和借鉴的渐进过程。因此，要形成自己的演讲风格，并达到完美的艺术境界，没有捷径可走；唯一的办法，就是下决心长期实践，刻苦训练。

美国第十六任总统林肯的演讲口才风格，以朴实无华、逻辑严谨而载入演讲史册。但是，他的演讲口才风格绝不是天生的，而是经过长期刻苦的自我训练和反复的演讲实践（包括体验）才形成的。

英国前首相丘吉尔是一个卓越超群的雄辩家和演讲家，他那优美的演讲风格，也是他毕生努力的结果。他从学生时代起就迷醉于本民族的语言，并纯熟地运用到自己的演讲中，毕业从军到印度后，在其他官兵以酣睡来打发印度酷热的下午时，丘吉尔却博览群书，广泛求知。在他27岁当选为国会议员后，就开始了他的演讲生涯。在尼克松1952年与丘吉尔的儿子伦道夫的交谈中，当他对丘吉尔的演讲口才风格表示钦佩时，伦道夫笑着说："那些演讲精彩是应该的,他用了大半生时间写讲稿并记熟它们。"

戴高乐的演讲华贵而典雅、庄重而流畅,这也是他苦心追求的结果,如果没有长期刻苦的训练,反复的实践和体验,戴高乐也不可能形成自己独特的演讲风格。由此可见,个人独特的演讲风格,是在长期的生活、学习和演讲实践中反复体验、反复训练才逐渐形成的。离开了长期的实践、体验和训练就根本不可能形成具有个人特色的演讲口才风格。

2. 演讲风格的类型

不同的人有不同的演讲风格。演讲的风格因演讲者的口才风格不同而各有特点,综合来讲,常见的演讲风格有下面几种。

(1)谈话型演讲风格。谈话型演讲风格常常表现为音色自然朴实,语气亲切委婉,清新自然,不加雕饰,表情轻松随和,语境语意纯净、真诚、厚重,形象亲切,生动感人,动作近于平时习惯,毫无矫揉造作之感。演讲者就像与听众拉家常似的漫谈。鲁迅先生有的演讲就具有这种特色。他面对听众侃侃而谈,时而举出些生动的例子,时而用比喻说明事理,将深奥的道理讲得很通俗,将抽象的哲理讲得很形象,使听众在受到教育、启发的同时,享受到语言的美、艺术的美。

(2)严谨型演讲风格。严谨型演讲风格的演讲口才,表现为语言经过严密而又谨慎的加工,逻辑性强,较多地运用口头语言的强调方式。如用重音、反复等手法来对某些重要内容加以着重论述。这种演讲风格一般来说态势语言用得不太多,演讲者的站立姿势和位置都保持相对的稳定。在一些隆重的场面,如一些重要的学术报告中,我们常常可以见到这种严谨型演讲风格。

(3)激昂型演讲风格。激昂型演讲风格,表现为演讲者音域宽广,音色响亮,精神饱满,手势幅度较大,给人以奋发向上、朝气蓬勃的振奋感觉,体现了澎湃宏阔、激越高昂、豪壮刚健、英武奔放的语言风格。其气势、力度锐不可当,给人留下了深刻的印象。

(4)战斗型演讲风格。在战斗型演讲风格中,演讲者一般采用紧张急速的节奏、高亢激越的音调,并借助于锐利的目光、深重有力的手势等来显示出一种战斗的姿态。在民主革命时期,我国许多革命者就擅长于这种风格的演讲。

在具体运用战斗型演讲风格时,演讲者不仅要以理服人,而且也要以情感人,即通过演讲者抒发的情感来激发听众的感情,从而使之产生共鸣。演讲者抒发的感情必须是真挚、实在的,而不是虚情假意。孔子说:"情欲信,辞欲巧。"信,就是真实。庄子也说过:"不精不诚,不能感人。故强哭者虽悲不哀,强怒者虽威不严。"

(5)绚丽型演讲风格。绚丽型演讲风格,讲究浓墨重彩、富丽堂皇,既注意内容的厚重,又强调形式的多样化;常采用一些富有色彩的词语和多变的句式,很注重表情、神态、手势,讲究口语表达的轻重缓急和抑扬顿挫,富有节奏感和音乐美,酣畅淋漓地倾吐演讲者的心声;在演讲中,喜欢旁征博引,纵横古今,引用大量名言警句、奇闻趣事、典故史实,以及某些新鲜有趣的材料。这种类型的演讲风格，颇受一些听众特别是青年听众的青睐。

例如，孙湍的演讲《理解万岁》："乘着创世纪的诺亚方舟，理解是那只窥探到大自然、衔回了橄榄枝的鸽子；沿着千回百折的汨罗江，理解是屈原感叹社会而传唱于今的骚体长诗；拨出高山流水的琴声，理解是蔡锷小凤仙人生难得一知己的知音一曲……"

（6）潇洒型演讲风格。潇洒型演讲风格要求演讲者的音调抑扬顿挫，音色优美悦耳，仪表漂亮显眼，动作干净利索，语言新鲜活泼，能给人以错落有序、轻松谐趣色彩斑斓的优美感受。总之，无论是在听觉上，还是在视觉上都要给听众一种"帅"的感觉。比如，其整体风格大约近似于文艺联欢会上的报幕员。这种潇洒型的演讲风格比较适用于一些庆祝和娱乐性的场合。

李烈钧的演讲《赞美你，太阳》："我赞美你，太阳！你照亮了人间的道路，照亮了历史的长河，孕育出一部壮美多姿的史诗。

想一想：秦时明月，汉时雄关，郑和帆影，虎门硝烟；

听一听：辛亥钟鸣，'五四'怒吼，北伐枪声，卢沟惊雷……"

（7）柔和型演讲风格。柔和型演讲风格，近似于谈话型和潇洒型演讲口才风格，但又与之不同。它要求演讲者一般要有圆润甜美的嗓音，清晰准确的吐字，并辅以亲切的微笑、柔和的眼神，体现轻柔委婉、纤秀清丽、平和潇洒、曲折生动的语言风格。这样的演讲会使听众的心中荡起一道幸福的温泉。女青年演讲者的天赋条件，决定了她们比较适合运用这种演讲口才风格。

王安演讲的《黄土地，我的理想大地》说："为黄土地添一抹新绿，在凛冽的寒风中顽强地追求，虽然弱小，毕竟想成长；虽然幼稚，毕竟想成熟；虽然局限，毕竟有梦想；虽然默默无闻，毕竟想证明自己的存在……显示着自己做儿子的价值，这就是黄土地赋予我的性格。"

（8）幽默型演讲风格。幽默型演讲风格的特点是：音调变化大，带有一定程度的戏剧味，语言生动形象，逗人发笑，手势动作轻捷灵活，面部表情富有喜剧色彩。它往往能很好地活跃气氛，增进演讲者与听众之间的友好感情。除了个别严肃的场合之外，这种富有特色的演讲风格，可以广泛地加以运用。

有的演讲之所以有着巨大的魅力，除了它具有深刻的思想内容，充满了哲理、情感外，还因为它具有引人入胜的幽默感，能使听众在愉悦轻松的气氛中得到教益，受到启迪。

（9）深沉型演讲风格。具有这一种口才风格的演讲者在演讲中，音调低沉，节奏比较缓慢，少用手势体态动作，而多用眼神和面部表情。时而有思恋之情，时而有忧郁压抑之感使人产生一种沉甸甸的感觉。在追悼会念悼词或在纪念性的演讲中一般都运用这种演讲口才风格。

四、提炼自然的演讲风格

没有人喜欢呆板的程序化的演讲。演讲者不仅要形成自己的演讲风格,而且要学会把自己光彩的一面展示给观众,提炼自然的演讲风格。那么,怎样才能提炼自然的演讲风格呢?

1. 演讲要符合自己的背景

从自己的背景出发来组织演讲。如果你是个农场主,要在一个肉制品包装公司发言,你用平常和朋友交谈的方式说话,结果你抱怨说下面的气氛冷冰冰,毫无生气。其实你的职业和兴趣圈中都有自己特殊的说话方式,你可能意识不到这一点,因为周围的人都是这样说话的。

作家杰克·韦伯写作《骑兵猛龙》时,花费了好几周时间和侦探们一起值夜班。他告诉他们他想了解他们谈论自己职业的语言和说话方式,"我们说得和你一样呀。"但是当韦伯问他碰到嫌疑犯时,他的第一反应是什么,他说:"我先去R(记录)和I(查明身份)部门,然后去找嫌疑犯的p(犯罪记录)。"韦伯兴奋地大叫:"对了,我找的就是这个!警察语言!"我们应该借鉴韦伯的经验,收集一些行业的特殊用语,用在自己的语言中。

这些地道的表达能使最普通的演说变得非常亲切,而且让别人感到你是业内人士,更加仔细地聆听你的高见。

2. 选择自己熟悉的内容

如果谈话内容是自己熟悉的内容,那你就会非常自信,给听众带来权威感,人们会非常认真地听你发言,而忽视你的语法错误。

如果别人问你一个你不熟悉或不懂的问题,千万不要不懂装懂。因为你的谎言迟早会被戳穿,别人就会怀疑你的信誉,认为你不是一个值得信任的人。最好的办法是承认你忽视了这个问题,会想办法了解更多,并且弄清楚答案。如果这样做,人们不仅不会看不起你,还会认为你是个坦率和真诚的人,从而更加尊重你。

3. 说话要自然

用你自然的语调和语速说话,不要隐藏自己的口音、语调等特别的说话方式。调查显示人们对说话音调过高的演讲者非常反感。口音其实代表一个人具有丰富的人生阅历和深厚的人生经验。想想那些著名的演员或演说者,不正是独特的嗓音使他们与众不同吗?这说明特殊的腔调和说话方式不仅不会有影响,反而会增加你演说的吸引力。人们可能认为你的观点更有分量,而且更加睿智。即便你在发言时出现小小的失误,口音甚至可以弥补这些失误。所以你完全应该轻松地讲话,因为口音可以让你的演说起到事半功倍的效果。

4. 在演讲中赋予真情

在说话时,你不要让别人觉得你要把自己的观点强加于人,或者过于激动,让听众感到来不及反应。不过,你完全可以让自己的情感自然流露——热情、兴趣、愤怒、同意、疑惑——只要是你的真情实感,都可以自然地宣泄出来。世界级的演说家都承认再煽动性的语言也没有自然的情感来得更有说服力。（再贫乏或枯燥的主题，只要演说者表现出强大的兴趣，其他人也会认真聆听，想弄明白兴趣所在。）

这里提出了一些建议，你不妨试试：

（1）我的语音是否单调？

（2）我使用什么样的语言？

（3）演说时要辅以手势吗？

（4）我的体态动作是否过多？

（5）我的仪表传达了什么信息？它对演说有促进作用吗？

（6）我的体态动作、说话语音和遣词造句是传达了同一信息，还是互相冲突？

你不断地给自己提出这些问题，这也正是听众会提的问题。这些问题将有助于引起你对演说风格的关注，有助于你意识到需要改进的环节并切实地改正它。当你向自己提这些问题时，你会惊奇地发现，自己在某些方面还存在着不足，这时你就知道怎样去修正它并力求自己做得更好。

第七章 名人演讲案例

一、奥巴马《无畏的希望》

政治演讲，是指人们对国内外重大事务、历史变革，表明立场、阐明观点、宣传主张的一种演讲。它是政治斗争的重要武器，其内涵丰富，适应面极广。

诸如政府首脑的竞选演讲、施政演讲、就职辞职演讲、各级领导宣传大政方针和实施计划的演讲，以及个人在政治集会上代表一定阶级、政党或个人发表的演讲等，都是政治演讲。好的政治演讲，总是具有巨大的思想容量、精辟的政治见解、旗帜鲜明的立场观点。不仅如此，好的政治演讲，其观点总是先进而健康的，符合历史发展的规律，起着推动社会前进的积极作用。

例如，奥巴马在美国民主党全国代表大会上的主题演讲，是令奥巴马从美国一个小州（伊利诺伊州）走向白宫的一次具有里程碑意义的重要演讲。本次演讲对于时年43岁的奥巴马来说也是一次重大考验，是一个向全党、全国及全世界推销自己的绝好机会，成功则能威名远扬，失败则可能会黯然退出民主党的政治中心。事实证明奥巴马没有辜负民主党元老们的重托，演讲取得了巨大成功，为其在党内的地位奠定了坚实的基础，也为其以后的大选奠定了基础。

《无畏的希望》

伟大的伊利诺伊州既是全国的交通枢纽，也是林肯的故乡，作为州代表，今天我将在大会致词，并为自己能有幸获此殊荣而倍感骄傲和自豪。今晚对我而言颇不寻常，我们得承认，我能站在这里本身就已意义非凡。我父亲是一个外国留学生，他原本生于肯尼亚的一个小村庄，并在那里长大成人。他小的时候还放过羊，上的学校简陋不堪，屋顶上仅有一块铁皮来遮风挡雨。而他的父亲，也就是我的祖父，不过是个普通的厨子，还做过家佣。

但祖父对父亲抱以厚望。凭借不懈的努力和坚忍不拔的毅力，父亲荣获赴美留学的机会，而且还拿到奖学金。美国这片神奇的土地，对于很多踏上这片国土的人而言，意味着自由和机遇。还在留学期间，父亲与母亲不期而遇。母亲来自完全不同的另一个世界，她生于堪萨斯的一个小镇。大萧条时期，外祖父为谋生计，曾在石油钻井打工，还曾在农场务农。日军偷袭珍珠港后的第二天，他就自愿应征入伍，在巴顿将军麾下，转战南北，横扫欧洲。在后方的家中，外祖母含辛茹苦，抚养子女，并在轰炸机装配线上找了份活计。战后，依据士兵福利法案，他们通过联邦住宅管理局购置了一套房子，并举家西迁，谋求更大发展。

他们对自己的女儿也寄予厚望，两家人虽然身在不同的非洲和美洲大陆，却有着共同的梦想。我的父母不仅不可思议地彼此相爱，而且还对这个国家有了坚定不移的信念。他们赐予我一个非洲名字，巴拉克，意为"上天福佑"，因为他们相信，在如此包容的国度中，这样的名字不应成为成功的羁绊。尽管他们生活并不宽裕，还是想方设法让我接受当地最好的教育，因为在这样一个富足的国度中，无论贫富贵贱，都同样有机会发展个人的潜力。

现在他们都已不在人世，不过，我知道，他们的在天之灵，此时此刻正在骄傲地关注着我。

今天，我站在这里，对自己身上这种特殊的血统而心怀感激，而且我知道父母的梦想将在我的宝贝女儿身上继续延续；我站在这里，深知自己的经历只是千百万美国故事中的沧海一粟，更深知自己无法忘却那些更早踏上这片土地的先人，因为若不是在美国，我的故事无论如何都不可能发生。今夜，我们聚集一堂，再次证明这个国度的伟大之处，而这一切并不在于鳞次栉比的摩天大厦，也不在于傲视群雄的军备实力，更不在于稳健雄厚的经济实力。我们的自豪与荣耀来自一个非常简单的前提，两百多年前，它在一个著名的宣言中得以高度的概括："我们认为以下真理不言而喻，人生来平等，造物主赐与他们以下不可剥夺的权利：生命、自由和对幸福的追求。"

这才是真正的美国智慧，坚信自己的国民有着朴素无华的梦想，坚信点滴的奇迹终会出现在身边。入夜，当我们为孩子掖好小被的同时，相信他们不会为衣食所累，不会为安全担忧。我们可以畅所欲言，无需担心不速之客会不请自来。我们有灵感，有想法，可以去实现，去创业，无须行贿或雇佣某些人物的子女作为筹码和条件。我们可以参政议政，不必担心打击报复，我们的选票至关重要，至少多数情况下，都是如此。

在今年的选举中，特别重申了我们主张的价值和肩负的责任，以此来应对当下的艰难现实；并希望了解怎样才能更好秉承前辈的遗产，实现对子孙的承诺。诸位美国国民，无论你是民主党，还是共和党，抑或是无党派人士，今晚我想对大家说的是：我们需要做的事情还有很多很多，在伊利诺伊州盖尔斯堡(Galesburg)，由于Maytag洗衣机厂要迁至墨西哥，很多工人将失去工作，而现在唯一的选择就是和自己的子女一起竞争每小时7美元的低薪工作。我曾遇到一位强忍泪水的父亲，他也因此丢掉了工作，没有了经济来源，不知怎样才能为儿子支付得起每月4500美元的高昂医药费用，本可救命的医疗保险对他而言却遥不可及，我们应该为他们做点什么；在东圣路易斯市，有这样一个年轻女孩，她品学兼优，成绩出色，却因为没有钱，无法完成学业，与大学无缘，而像她这样的孩子还有千千万万，我们应该为他们做点什么。

请正面理解我的意思。我在城市与乡镇，在餐厅和办公楼停车场，接触过很多民众，他们并不期待由政府出面，帮他们排忧解难。而是清楚地意识到，需要通过努力工作，去面对和解决所有的问题，而这也确实是他们真实的想法和愿望。走进芝加哥周边的城镇，大家会告诉你，希望自己辛苦缴纳的税款能够物尽其用，而不是让社会保障机构或五角大楼任意支配。走进市中心的街区，大家会告诉你，让孩子好好读书不能仅仅依靠政府的力量，父母也要尽职尽责，培养下一代，不让孩子整天沉溺于电视，对于黑人而言，更要和白人一样，让子女有接受教育的权利，而不是相反。人们并不是依赖政府来解决所有问题，但他们真诚地认为，只要政府把工作的重点有所调整，就可以使得每个孩子都能奋发图强，积极向上，让机遇大门向每个人敞开。他们深知，我们有能力做得更好，他们同样希望如此。

在本次选举中，我们做出了这样的选择。民主党已选出一国之中品行最为高尚的人作为我们的领袖，带领大家实现这样的选择。他就是约翰·凯利，他深刻地领悟了社区、信念和献身精神这些崇高的理想，因为这些铸就了他生命的全部。他曾在越南英勇作战，回国后出任过检察官和副州长，在美国参议院度过了 20 个春秋，他把全部精力都投入到国家社稷大业之中。多少次，他面对艰难抉择，知难而上，不畏艰险，他的阅历和品行为我们树立了榜样。

约翰·凯利坚信，在美国，付出就会有回报，因此，对于那些在本土创造就业机会的公司，他会在税收上给与优惠，而将工作机会输送到海外的公司则不会享受到如此待遇。他坚信，美国应该实现标准的医疗保险，对普通百姓和华盛顿的政治家都一视同仁。他坚信能源自主的重要性，因此我们不会再因石油公司对利润的追求，或对国外油田的破坏而遭致威胁。他坚信美国应该成为世人艳羡的国度，因为国民的自由受到宪法的保护。他永远都不会让大家的基本自由受到影响，更不会以信仰为借口，来制造分裂。他还坚信当今世界的确存在危险因素，战争在所难免，但战争永远不会成为解决争端的首选。

前不久，在伊利诺伊州东莫林市的外战老兵俱乐部里，我偶遇一个年轻人，他叫沙莫斯，身高足有 2 米，相貌英俊，目光清澈，笑容可掬。他说自己加入了海军陆战队，一周后就将进驻伊拉克。当我听他讲述入伍的原因时，他讲到了对我们国家和领导人的绝对信赖，对军队的无上忠诚以及自身强烈的责任感，这让我感受到他身上具备的优良品质正是我们对子女的所有期待。然而，当我扪心自问：我们为他所做的一切，是否能与他的付出相当呢？

我想到这次战争中已有 900 多名军人战死沙场，他们也有自己的家人和邻友，也许已是为人父母，还有年迈的双亲，却再也无法回到这些关爱他们的人身边。我想到自己遇到的那些家庭，他们或是要应对亲人阵亡，收入锐减所来的经济窘境，或是要面对肢体残缺的家人复原归来，甚至精神崩溃，却因其预备役军人的身份而无法享受长期的健康补贴，生活变得举步维艰。当这些可爱的年轻人舍身踏上征程，我们责无旁贷地要确认做出出兵决定的所有数据和理由确凿无误；我们责无旁贷地要替他们照顾好家人，而当他们荣归故里时，要关照他们的生活；当决定要介入战争、保卫和平和赢得世界的尊重之时，我们责无旁贷地要派驻足够数量的军队，以确保战士能凯旋而归。

请允许我阐明下述观点：在世界上，确实有人与我们为敌，我们必须找到他们，并予以坚决打击，获取胜利。约翰·凯利深知这一点，正如身为上尉的他在越南战场上出生入死，保护自己的下属一样，若他身为总统，也同样会义无反顾地运用军队的力量确保国家的安全。他对美国充满信心，而且深知仅有部分公民实现生活的富足还远远不够，而这要仰仗与我们闻名于世的个人主义相伴的另一种元素，正是因为它们，美国史册才熠熠生辉。

这就是我们作为一个民族荣辱与共的信仰。假如，芝加哥南部的一个孩子无法读书识字，即便他与我非亲非故，我也会心怀忐忑。如果有位老人因无法支付高昂的医疗费用，不得不在治病和租房之间痛苦抉择，即便她与我素未谋面，我也会如坐针毡。。假如，一个阿拉伯裔的美国家庭未经律师辩护，或诉讼程序就遭受不公正待遇，同样会让我寝食难安。正是这个基本信仰让这个国家发展到今天：我们都是一家人，我们都是兄弟姐妹。只有这样我们才能实现个人的梦想，才能成为一个美利坚大家庭。独木不成林，单弦不成音。

当我们在这里聚会的时候，也有人正准备分裂我们，那些操纵舆论的人和制作负面宣传的人，他们投身没有原则和不择手段的政治。今晚，我需要对这些人讲的是，美国人没有所谓自由和保守之分，世间只存在一个美利坚合众国。更没有所谓美国白人黑人之分，拉丁裔和亚裔之分，有的只是美利坚合众国一国的国民。有博学家愿意将我们的国家分成红蓝两色，红色代表共和党，蓝色代表民主党。但我想说的是即便在民主党中，我们也都信奉万能的主，我们不喜欢联邦的机构在共和党中间对我们的藏书指指点点，我们在民主党中也有人执教少年棒球联盟，在共和党中也有同性恋朋友，有爱国人士支持伊拉克战争，也有爱国人士反对就伊出兵。我们都是一国之民，都效忠于伟大的星条旗，所有的人都热爱我们的祖国——美利坚合众国。

说到底，这才是本次选举的意义所在：我们所参与的政治应该是愤世嫉俗还是充满希望？

约翰·凯利号召我们要对未来满怀希望。这并不是说要盲目乐观。以为只要不谈论失业问题，这个问题就会自行消失；认为只要无视医疗危机的存在，它也会烟消云散。我所谈的是更为根本的问题。是因为存在希望，奴隶们围坐在火堆边，才会吟唱自由之歌；是因为存在希望才使得人们愿意远涉重洋，移民他乡；是因为希望，年轻的海军上尉才会在湄公河三角洲勇敢的巡逻放哨，是因为希望，出身工人家庭的孩子才会敢于挑战自己的命运；是因为希望，我这个名字怪怪的瘦小子才相信美国这片热土上也有自己的容身之地。这就是无畏的希望。

最后，感谢上苍赐予我们最好的礼物，也就是这个国家赖以生存的基石，因为我们相信最好的东西尚未出现，更好的日子就在明天，我相信我们可以为中产阶级减负，让工人家庭走上希望之路，我相信我们可以为无业者创造就业机会，为无家可归者带来可以遮风挡雨的屋顶，让美国城市中年轻人从暴力和绝望的阴影中走出来。我相信今天的我们就站在历史的十字街头，我们可以做出正确的选择，迎接面临的挑战。

今晚，如果你我感同身受，有同样的力量、同样的急迫感、同样的冲动和同样的希望。如果我们都能行动起来，那么我相信，从佛罗里达到俄勒冈，从华盛顿到缅因州，全国人民将会在11月积极行动起来，使得约翰·凯利、约翰·爱德华兹分别宣誓就任总统、副总统之职，而国家也将就此走出低谷、重振旗鼓。暗夜即将过去，黎明即将到来。谢谢大家，愿上帝保佑你们。（摘自互联网）

二、马云《不可胜在己，可胜在敌》

"不可胜在己，可胜在敌"这句来自孙子兵法"军形篇"，大概的意思是自古善于用兵打仗的人，先要做到锤炼自己再找对手的缝隙去赢。善战之人，胜在创造不可被敌人战胜的条件。

2017年3月24日，马云出席活动，与3000多名来自马来西亚的创业者与年轻人交流。30分钟演讲、40分钟对话，从一个杭州青年的挫败讲起，再到阿里巴巴所历经的选择与思考，马云分享了他所经历的失败和坚信的道路。马云告诉在场的年轻人：也许你无法在明天就取得成功，但如果你相信未来、相信技术、相信技术革命将会改变世界，现在就做，成功或许在10年到15年之后。

因为他所坚信的正是：今天的你是由10年到15年前你所做的事情来决定；15年之后你的生活，正是由今天你的努力所决定。

对于未来，马云说：乐观的人总是看到光明，甚至不会抱怨；而抱怨的人正在失去机会。伴随第三次技术革命而来的未来30年，正是对任何人、任何国家都至关重要的机会。他认为，对于亚洲与小企业来说，特别是互联网技术落后的国家，移动技术和大数据将带来"获胜的机会"。

世界变化如此之快，我们无法阻止。这是最好的时光，也是最糟糕的时候，所有都取决于你的态度。马云还和现场的创业者及年轻人交流说：要用自己的思想来思考——你的教育，你的背景以及你拥有的经验都令你变得与众不同。你不应该永远跟随别人走，你应该遵循自己的规则。

《不可胜在己，可胜在敌》

大家下午好，可否再把灯光调亮一些？我想看到大家的脸。我会害怕对着黑乎乎的一片说话。这次的行程有很多很棒的对话，我感触很深，让我想起了很多在我身上发生的事情。

一、乐观、坚持、不抱怨，才有机会

首先，我想说，我并不是个有天赋的人，我也没有受过培训。我也从来不听妈妈或者老师的话。我会说，不不不，我从不这样听话。

如博尔特前面发言所说，教练告诉他的每一件事情，他听了就相信。而对我来讲，从媒体上或者从其他人那里听来的事情，我会花2~3秒钟思考，这是对的吗？我能否做些不一样的？这是我自己培养的习惯。

我不是一个有天赋的人，因为我失败了很多次。我试了7年才完成中学、人家用了5年，这是很糟糕的。每一个人都试着进大学，进好的中学，但我们都曾失败过，我是失败者中的一员。我想进重点初中，重点高中都失败了，考大学我失败了3次，然后申请工作我失

败了差不多30次。我想大家都知道，当我高中毕业的时候，我没考上大学，我想在KFC找一份工作，24个人去了，23个人被录取，我是唯一没有被聘用的。

然后我试着去考警察，5个同学去，4个被录取，我又是那个没被录取的。当我们开始阿里巴巴创业之路，我试着去融资，我去了硅谷，和投资人对话，我见了超过30个投资人，没有一个愿意投给我们。

但是我觉得很有趣的事情是，我们犯了那么多错，每一次失败，每一次被别人拒绝，我都把它当作一次训练。今天，当我很失望的时候，我不觉得我是被这个公司拒绝了，我不觉得我失败了。对于我来说，如果被人拒绝，这是很正常的事情，你被别人接受才是并非顺理成章的事情。

当我开始做生意，尝试销售，每天我都给陌生人打电话、出去见客户。出门之前我都告诉自己，我要见12个客户，我都不会有机会赢的。一个机会都没有。然后当我回来，确实没有机会，我说，看，我是对的吧，我就知道没有机会。但是如果我赢了一个客户，我就是比预期做得好。所以每一次，我们犯的每一个错误，都是一个很好的令你将来成功的宝库。

有许多关于马云的书，关于阿里巴巴的书，但所有这些书都不是我写的。我不认为我应该写一本书。当有人开始写一本关于自己的书，那就是他老了，该退休了。

但是如果有一天，我真的想写一本书，书名将是《阿里巴巴和1001个错误》。

是错误使我们与众不同。每一次我们犯错，我们学习，检查自己。其实我们每一个错误、每一次失败都是自己的错。如何改正，如何下次做得更好。在中国，我开始和很多企业家分享我的经验和想法，我想告诉他们从别人的失败中学习。我的培训过程就是失败的经历。你知道，我接受的培训是做一个高中老师，我一天都没有经历过商学院的培训，我绝对不是被培养成为一个MBA的学生。

这些年我看到很多人去学MBA。他们去之前非常聪明，但回来时都变蠢了。因为他们想，这是教授教的，这是经济学家讲的。他们去之前思维非常活跃，但回来时好像被僵化了。

我在中国设立的湖畔大学是培养企业家的，我们用的大部分案例都是失败的故事。为什么失败。大多数人都会失败。如同在战场上，生存下来的人才是赢家。所以当你做生意的时候，你得从别人的错误中学习。不要担心，大多数错误，你会觉得那个家伙怎么那么傻，他怎么能犯这样的错误。其实你也会犯同样的错。你会的，所以我努力教我自己。我读过很多很多的案例，人们为什么失败，我不断地意识到，这家伙这么聪明，而他失败了，为什么我会有机会赢。你了解越多，你越会变得积极。

另外我想和大家分享的是，要用自己的思想来思考。你的教育，你的背景以及你拥有的经验都令你变得与众不同。你不应该永远跟随别人走，你应该遵循自己的规则。

当我要与有经验的人竞争时，我对自己说，等等，请给我30年。他会变老，我就拥有了机会。当我与比我富有的人竞争时，我可以做任何事情，我对自己说，15年后，我可以准备，让我们再竞争。所以，你总是有机会获胜的。

如果你真的不太可能遇到世界上很多成功人士，那么我们来看看他们是怎么成功的。比尔·盖茨、沃伦·巴菲特甚至史蒂夫·乔布斯，很多人。我发现成功的人都有魅力的性格。像侯赛因波特一样。他们乐观，他们从不抱怨。如果你不乐观，你就没有机会赢了。如果你抱怨，我年轻时会常常抱怨。我抱怨道，当我想做软件，比尔·盖茨已经做了。我想做这个，那个家伙也已经做了。当我想做鸡肉时，肯德基比我们做得更好。而且我们总是想象比尔·盖茨一样成功，但这是不可能的，这世界上只有一个比尔·盖茨。很多像你一样的人会说，比尔·盖茨没有完成哈佛学业，我也应该离开哈佛。但是只有一个比尔·盖茨。

所以，我发现那些总是乐观的人，他们总是看到更光明的未来，他们甚至不会抱怨。因为当人们抱怨的时候，他们正在失去机会，并且被抱怨遮挡了思想。所以我从这其中学到了，机会何时出现？当世界充满了抱怨的人，那么这个世界处处都是机会。你可以解决人们抱怨的问题，那是个很好的机会。而且我发现我的很多高中、大学朋友，这些年我遇到他们，唯一发现的是，他们总是在抱怨。

请不要笑，我们有很多人都在抱怨这个世界。这就是为什么这些人永远止步不前，我们必须考虑，我们如何解决这个问题。所以，我认为世界变化如此之快，我们无法阻止。这是最好的时光，也是最糟糕的时候，都取决于你的态度。

我认为这是本世纪最好的时光。此时人类从未如此幸运。有一天你看到金融危机发生了，你拥有了这个，你拥有了那个，你会面临各种各样的问题，但我看到的是，这些都意味着大事件正在发生。在这个时代，我们很幸运，在这一刻，我们就是他们。

二、未来30年才是互联网时代

首先，我认为三次技术革命都从根本上改变了世界。第一次技术革命，工业革命改变了世界。生活在那个时代的人们很幸运。第二次技术革命也是如此，为人类带来了大量机遇。现在是第三次，我们很幸运。每一次技术革命发生，社会都会有巨大的动荡。它会摧毁很多工作机会，但也带来了大量新的工作机会。

相信我，我所学到的一点是，每一次技术革命大约需要60年。前30年是关于技术本身，后30年是这种技术的使用、这种技术的应用。所以，第一次，第二次，这是第三次。

互联网刚刚过去了30年。未来30年对任何国家、对任何人都至关重要。无论你喜欢与否，会有大量好工作，今时今日你所认为的那些好工作会消失。

新的事物正在发生，有趣的事物正在发生。所以，如果你还记得，过去20年被称作互联网技术，未来30年被称作互联网时代。这正是我想要对所有年轻人发出的号召。请留意那些30岁以下的人，留意那些少于30人的公司。我认为阿里巴巴能够成功的原因，正是 19 年前当我们开始这项事业，以及 15 年前当我们开始做淘宝、开始 B2C 模式的时候。说服人们来使用这项服务在当时非常困难，尤其是新服务，没有人想要尝试。

不成功的人们、想成功的人们，让我们来帮你。所以有一些重点，美国企业来到中国，他们触达到了成功者。我们认为我们应该帮助那些不成功的人，聚焦在年轻人身上，从他们 18 岁甚至 15 岁开始。

在过去的中国，在古老的历史中，如果你能说服长者，年轻人就会跟随。而在今天，如果你说服了年轻人，那么父母将会跟随。如果你改变了年轻人，你就改变了未来。如果你相信未来，相信年轻人。所以 15 年前，我们将大部分时间投入到 20 岁以下的年青人身上，如今他们已经 35 岁了。他们上网获取资讯、上网购物、上网做生意，都是理所当然的。

所以我们认为，再给他们 10 到 15 年时间，他们将成长为部长，他们将成为总统，届时世界将会发生改变。所以这是我们所相信的，我想告诉在场所有的年轻人，这是你的时代。在这个世界，很多人抱怨互联网摧毁了大量的生意，但并不是互联网摧毁了生意，是落后的思维、态度、封闭自己，是这些想法摧毁了他们自己。我想说的是，人们说技术摧毁了就业，我说不，每一次技术革命都会创造更多的就业机会，比人们想象得更多，技术创造出了不同的工作。这是我们、这是中国和亚洲的机遇。

三、5 个 "新" 将会改变世界

我认为有几种新技术、几项新趋势将会改变世界。比如新零售、新金融、新技术、新制造以及新能源。

这五个 "新" 即将发生，即将在未来 10 至 20 年改变每一个人、每一个行业、每一家企业。那什么是新零售。今天我们说电子商务。中国正在快速增长，但传统零售业运作不佳。中国电子商务增长如此之快，增速超过美国的原因之一，就是美国的传统零售业非常之好，基础设施业务非常之好，互联网无法渗透进去。但在中国，传统零售业做的并不好。我认为马来西亚、印度尼西亚也是如此。因为这种不好，互联网成为一种新技术，我们就利用互联网来优化新零售，并且让它迅速成长。

所以我说，在那个时候，电商在美国只是一道甜点，而在中国是主菜。什么是新零售，它意味着线上、线下加上物流，所有这一切融合在一起，才是新零售。所以在未来的 10～15 年，不再有所谓的线上、线下生意。所有的线上线下将在未来融合在一起。

什么是新制造？在过去的几个世纪，制造业意味着可扩展性。越大的规模越好。但当你看到沃尔玛，你看到流水线，标准化和低廉的人工成本。这个世纪会定制化，每一样东西都应该是定制化的，智能化制造的。很多事情将会改变。当你在一部电话装一个操作系统，打电话只占了 20% 的使用。今天，80% 的时间，手机并不是用来打电话的。

想象一下，如果我们在汽车上装一个操作系统，或者我们一个操作系统内置于一盏灯，一个电冰箱或洗衣机，世界就发生改变了。所有的事情都会产生结果。同样的，新制造将让很多行业发生改变。今天，如果你的行业是基于流水线，标准化、低成本、低价值、低价格，你不会有未来。

  第三个是新金融。在过去200年，金融行业试着聚焦在20∶80的方式上。他们做的所有事情只是为了那20%的人群，大公司、跨国企业、富有的公司。他们不在意剩下这80%的公司，或者那些没有金融服务支持的中小企业。所以，新金融运用数据技术，运用新科技，赋能这从未被顾及的80%的中小企业，及那些一直没有触及的消费群体。这是互联网带来的改变，我也相信很多大型银行，传统银行会转为拥抱这样的改变。

  今天，传统银行业不是为80%的市场服务的，也不是为80%的消费者服务的；但是这股新浪潮将比你想象还要来的快。移动技术，移动支付，来看看今天的印度，在短短两年内，我们在当地的合作伙伴已使用手机支付普及了两亿人，他们用手机来支付和取钱。所以，如果你使用传统的方法，这几乎是不可能在两年内发生的。那么，新的金融机构将会改变这个局面，新的金融体系将会改变这个世界。

  接下来是关于新技术。在亚洲，我们错过了信息技术（IT）时代，今天我们在数据技术（DT）时代。我看，从IT时代到DT时代。这是完全不同的概念。IT试图让你变强，赋能自身。而DT则是为了使其他人变强。DT是如此强大，所以在IT时代，亚洲失去了机会。我们没有IBM，我们没有微软，我们没有思科，我们没有Intel芯片。但在DT时代，我们有机会获胜。我认为，对于亚洲与小企业来说，特别是互联网技术落后的国家，这是我们的机会。今天我们的手机比20年前强大的个人电脑更加强大，来看看亚洲，看看马来西亚、印度尼西亚、菲律宾，如此多的农民都在使用手机。如果我们可以使用移动技术收集数据，事情将发生改变。

  所以我们应该努力用DT实现发展，而不是使用IT的方式。什么是移动技术？什么是数据技术？什么是人工智能或机器学习？这些是我所思考的事项，亚洲人可以从中发现很好的机会。

  另外，最后我想说的一件事是，新能源。第一次技术革命的能源是煤炭，第二次技术革命是石油，这个世纪、下个世纪的能源是什么？是数据。没有数据，任何事情都无法做成。而且我想告诉在场的所有年轻人，不要说你没有像你的父亲那样的机会。你父亲可能没有"五个新"所带来的机遇。如果你从现在开始学习，从现在开始准备，你可能在10年后取得成功。也许你无法在明天成功，但如果你准备好了，如果你相信未来、相信技术、相信技术革命将会改变世界。现在就做，10到15年后回首，今天的你并非由昨天决定，而是由10到15年前你所做的事情、你的努力所决定。所以，15年之后你的生活，正是今天你的决定和努力所决定的。

四、技术革命是未来三十年的变革

这就是我所坚信的。我们无法选择出生在怎样的家庭。如果你碰巧出生在比尔·盖茨家族，你很幸运。但不可能。我们无法决定出生在何处，我们可以决定我们死在何处、以何种方式死亡。如果你想死在监狱里，很简单。如果你想去世时有很多朋友，你必须交到很多朋友，你必须改变你的性格、你的价值观，所有这些事情。而我知道，我不想死在我的办公室里，我会退休，我会死在海滩上。

生活不是关于工作。生活是你来到这个世界，在这里的一段旅程。我相信我们来到这个世界是来度假的。好吧，我想还有一件事不管你喜不喜欢，就是这个世界的变化比你想象的快得多。很多事情会改变。正如我说的，很多白领的工作正在消失。所以你看，如果你是做数据分析的人，你正在学数据分析，数据分析将是热门工作。但是我要告诉你未来十年会没有数据分析。

机器将会比你做得好得多。过去的20年中，我们把人变得像机器，未来20年，我们将让机器变成人。机器会比人更强大，比人聪明。八年前我告诉我的团队，我说30年后，最好的年度首席执行官、《时代》杂志的封面将是一台机器。不管你喜不喜欢，我们看吧，如果我们还能活30年。因为在过去的几个世纪，人们专注于生意，专注于制造。

未来30年的业务核心在于创造力。因此，很多事情已经改变了。教育，我们教育孩子的方式，我认为不能只教知识。机器学知识更快。人们比较谁更聪明，这个人可以记忆力很好，记得每个字、每句话，他非常聪明，能记得所有东西。我告诉你，机器的记忆比你好。它们可以快速计算，机器的计算比你快，机器永远不会生气、永远不会累，而且总是能比你做得更好。所以，如果将来你想与机器竞争，谁更有才能，你不可能会赢。

要如何与机器竞争？我认为，我们应该教会孩子文化、价值观。我认为这些是人类可以胜过机器的东西。这就是为什么我们应该教会我们的孩子两件事情，教育的重点是想象力、创造力和团队精神。我们应该教孩子音乐、运动。运动让孩子们明白什么是团队合作，音乐和绘画让人们了解什么是想象力和创造力。如果我们不改变我们教育的方式，我们会面临很大的麻烦。我们的孩子会抱怨。这不是他们的错，而是我们的错，是我们没有这样做。

所以我相信，未来不会是知识的竞争，而是智慧的竞争、经验的竞争，在这样一个移动互联网时代、这样一个复杂的世界中生存下来。

今天人们担心机器变得更聪明，它们下棋比我们好。天哪！我要怎么办。我从来不为此担心。为什么要担心呢？机器，我不喜欢人工智能，这个世界，对我来说，人工智能就是阿里巴巴的洞察力。这不是人工智能。人工智能是如果你尝试教一台机器做一些人类可以做的事情，这只是对人类的侮辱。机器应该做人类做不到的事情，这才是我们应该做的。

所以，我相信这不是人工智能，应该叫机器智能，因为只是做一些人类不能做的事情。就像汽车一样，我们知道汽车可以比人类跑得快，但是我们从来不会做一部模仿人类的汽车。如果你把轮子设计得像人类的腿，它不可能跑得快。因为它是轮子，而人类没有轮子。让我们做些不一样的东西，计算、大数据以及其他所有的东西，我们必须非常明确人类不是机器，我是一个乐观的人，我们永远能胜过机器。不用太过担心。我从不担心科学家们担心的大部分东西，我从不担心总理们担心的事情，我只担心我会担心的事情。因为在阿里巴巴，每天要担心的东西已经够多的了。

五、企业家是社会科学家和艺术家二合一

接下来我想说的是，年轻的商人、年轻的企业家，我听他们说我没有李嘉诚那样的机会啊，我没有郭鹤年先生那样的机会啊。我告诉你一件事，他们在被称为企业家的时候可能没有你这样的机会。

什么是企业家？我的理解是，企业家是社会科学家和艺术家二者合一。你必须是一个社会科学家，你必须了解人，人的行为，人的需要，你必须改变自己。

马云成功的原因并不是我很聪明。我认识一些很了不起的人，知道如何与别人一起工作。那些了不起的人和我将了解社会和人们的需要。所以如果你想让你的公司更成功，你必须展示出你为社会解决了什么大问题。你为社会解决的问题越大，你的机会就越大。你就会更成功。如果你为你的村子解决了问题，这就是一个村庄的公司。如果你为你的省份解决了问题，它就是一个省份公司。如果你为国家解决了问题，你就是一个国家企业。这个责任取决于你如何为之工作。

企业家会如何转型？企业家将会互联网化，成为互联网化的企业家。我相信在未来20到30年，至少90%的生意将会在线上。如果你不知道如何在网上做生意，如果你是一个小生意，你只能做本村的生意。而且你的业务规模取决于你所在地区能触达多远。所以今天当你使用互联网，你可以接触到全世界的其他地方，跨国家、跨省。你知道，尊重其他文化，为别人创造价值。

未来30年，世界不属于互联网公司，而是属于那些能更好地使用互联网的公司。这是我们的机遇。你不需要懂技术，但是你要知道怎么用技术，并且运用好技术。我并不会尝试去做一个工程师。直至今天，我不了解电脑为何能运作，我仍然不知是什么原因。不知道不要紧。我觉得只要你懂得赏识和欣赏懂技术的人，让他们了解这些。

我曾经是一个小企业的产品测试员。世界上大多数的小企业都很畏惧高科技。当他们听到高科技这个词，他们会避而远之。我当时是产品测试员，当工程师完成一个产品，我会来试用。如果我不能用，我相信80%的人都不能用。把它当作垃圾扔掉。如果我可以用，说明是一个好产品。我不希望手动调节任何东西，我希望是简单轻松的点一下，就完成，得到你想要的。

六、要成功，必须具备情商、智商和爱商

人们说，你是一个企业家，你要有钱。钱不是必需的。不是钱改变世界，如果钱能改变，就没有我们的机会了。阿里巴巴在第一个 10 到 15 年存活下来的重要原因，是因为我们没钱，尤其在第一个 5 年。我们不像其他公司一样融到那么多钱，我们每一分都花的很小心。大多数的公司，在泡沫时代都阵亡了，不是因为他们没有钱，而是因为他们有太多钱。你想要聘用大公司的优秀人才。如果你的公司没有准备好，你却请了比如跨国企业的专业人才，你等于是在谋杀自己。不要这么做。这就好比是我们把波音 747 的引擎装进一个拖拉机，它会毁了你的拖拉机。相信我，我在这上面犯过很多错误。所以，当你没有钱的时候，你不会犯同样愚蠢的错误了。最好的人才不是在外面，而是在你的企业内。

他们相信你，相信你的想法，所以愿意花时间。很多人喜欢把钱投资在设备和机器上，但不愿意花钱在雇员身上。把钱投在雇员身上，给他们机会发展，和他们分享所犯过的错误，听听他们的错误，一起工作，这将使你的企业发展的更好。

人们会说，哇，阿里巴巴是如何找到这么多人才的？15 年前，当我们成立这家公司时，在头三年里我们不能雇用任何人。人们说，互联网，阿里巴巴，多么奇怪的名字。我们没有钱，没有乐趣，是无名之辈。所以我们说，我们很难雇到人，我们只雇用那些没那么残疾的人。

在中国的公司里，几年后当人们有一定资历时，变得强大时，他们开始被猎头看中，猎头开始在我们这里寻找人才，他们把我们的优秀人才挖走了。那些好的人，都被挖走了。那些不那么好的人，没有人去挖他们，他们留在了公司，变得非常成功。

人们说："他是互联网专家。"甚至在 DT 时代到来之前，我们已经有了很多数据专家。我不知道数据专家在哪里。所以，我认为没有人是熟知未来的专家。未来的专家是你自己从所花的时间和从经历的磨炼中学习得来的。

所以，这是我所相信的未来，我相信在未来，智商（IQ）和情商（EQ）都是必须的。如果你想成功，你应该有情商，但如果你不想失败，你应该有智商。这是有区别的。你想成功，你必须拥有情商，因为这些情商很高的人，很容易完成交易，因为他了解人们并和大家一起工作，但很多人因为缺乏智商而犯错误。不管你多聪明，世界上还有很多比你聪明的人。所以如果你想有最好的智商，雇佣智商高的人。人才是决定因素，与他们一起合作的同时，提高了你的智商。很多人赚钱，但没有得到尊重，我们有很多这样的人。那就关乎爱商（LQ）。

所以对于想成功的人来说这些问题至关重要。智商、情商、爱商。

七、DT 时代的重要特征是体验

另一点是世界正在变化，我认为在未来的 30 年中，不是力量的竞争，也不是知识的竞争，而是用户体验的竞争、对他人关怀的竞争。你能如何赋能你的员工，如何赋能其他人、赋

能客户和赋能女性。

女性越来越重要，我们公司的秘诀之一就是女性，我们的女性员工占比达到47%，高级管理人员中有33%是女性。我从来不觉得这有何奇怪。有一次，一位来访我们办公室的美国记者问，Jack，为什么你的公司有这么多女性？我说，是吗？我从来没有意识到。互联网，这就是我们在互联网上能成功的原因。

有趣的是，你有很多工程师，但也许没有具有创造性和关怀他人的女性。女性比男性更加关怀别人。男人关心自己的权力、升职和加薪。女性照顾孩子、父母和丈夫。她们知道如何改变自己，来确保他人也能好。如果你有这样的品质，你就有成功的机会。所以我认为21世纪的女性领袖会是这样的。不是政治领导人，不是商界或文化界的那些领导人。我坚信，如果你想让公司可持续发展，那就聘请更多的女性吧。

我不是像政客那样说话，我用我们的公司证明我的话。我们这个公司，在中国，高科技公司，近50%的员工是女性，33%的高管是女性。顺便说一下，我们有超过50%表现很好的线上卖家是女性。在传统的方式里，女性成为一线卖家是没有机会的，但是在互联网上人们只关心你能不能提供更好的服务。他们不会说，啊，这是个女人。

好了，最后，在我们回答问题之前，我有很多东西要与大家分享，很抱歉我说了那么久。当我有机会跟企业家说话的时候，我总觉得就像和自己谈天。我与小企业、年轻的企业家谈话的时候会觉得很舒服。与企业家说话的时候，我感觉，我们是同种动物。跟大公司说话的时候，他们谈的是竞争、收入和利润。当我跟小企业说话的时候，我们谈论的是梦想。我们谈团队、谈客户。

这场技术革命是非常可怕的。这取决于我们如何使用它，如何一起工作来解决重大的社会问题。

第一次技术革命改变了世界，却引发了第一次世界大战。第二次技术革命同样影响了世界，也同样衍生出了第二次世界大战。今天，我们正处在第三次技术革命中。第一次技术革命让人们的双手、双臂、双脚都更强大。第二次技术革命，人们开始远程旅行，火车、飞机，大家希望获得更多东西，人变得贪婪，去到宇宙、登月，但这次技术变革是在这个世界之内的变化。

人们应该了解自己。今天，我们去月球，我们试着探索火星，我们从来没有看到人类内部。我觉得，这次的革命是解放大脑的。如果我们不能很好地处理这个事情，它会变成世界的大麻烦，第三次世界大战会发生。这个战争不会是在人之间发生，而是人们与贫穷，与环境，与疾病的抗争。这些事情，如果我们善用技术和数据，人类会变得更好。

所以我认为，对于互联网以及未来30~40年的电子商务来说，如果你让你的公司去帮助别人，那么整个商业世界都将是包容的。商业世界将是可持续的，让人们感到快乐和更加健康。这就是未来。你的公司将会很棒。所以我将其称之为幸福与健康，即DoubleH

战略。这是所有人类所追求的。你所做的一切，都是因为数据和技术。如果你能使你的雇员、团队以及客户快乐、健康以及可持续发展，那么你的公司将前途无量。

三、罗斯福《一个遗臭万年的日子》

军事演讲是指以战争为中心内容的各种形式的演讲，常用于战前誓师、介绍战争形势、任务、战略、战术等；或用于战地鼓气，激励战士同仇敌忾，勇猛向前；或用于战后庆功，宣传战绩，表彰战斗英雄，推广战斗经验等。例如，日本军国主义偷袭珍珠港，美国总统罗斯福获得消息后，1941年12月8日，在参众两院联席会议上发表了《一个遗臭万年的日子》的著名演讲。这篇仅用了6分半钟的简明有力的演讲，既陈述了事实真相，又分析了战争性质及胜负条件，把激昂愤怒之情融于冷静的分析和判断之中，句句都是有力的论据，句句都是炙人的烈火，产生了巨大的反响，参众两院分别以绝对多数票通过了美国和日本之间存在战争状态的联合决议。

《一个遗臭万年的日子》

副总统先生、议长先生、参众两院各位议员：

昨天，1941年12月7日——一个遗臭万年的日子，美利坚合众国遭到了日本军国海空军部队突然和蓄谋的进攻。

美利坚合众国当时同该国处于和平状态，而且，根据日本的请求，当时仍在同该国政府和该国天皇进行着对话，对于维持太平洋的和平有所期待。实际上，就在日本空军中队已经开始轰炸美国瓦胡岛之后一小时，日本驻合众国大使及其同事还向我们国务卿提交了对美国最近致日方的信函的正式答复。虽然复函声言继续现行外交谈判似已无用，但它并未包含有关战争或武装进攻的威胁或暗示。

应该记录在案的是：由于夏威夷同日本的距离，这次进攻显然是多天乃至若干星期以前就已蓄意进行了策划的。在策划过程之中，日本政府通过虚伪的声明和表示希望维系和平而蓄意对合众国进行了欺骗。

昨天对夏威夷群岛的进攻，给美国海陆军部队造成了严重的损害，我遗憾地告诉各位，很多美国人丧失了生命。此外，据报，美国船只在旧金山和火奴鲁鲁岛之间的公海上也遭到了鱼雷袭击。

昨天，日本政府已发动了对马来西亚的进攻。昨夜，日本军队进攻了香港。

昨夜，日本军队进攻了关岛。

昨夜，日本军队进攻了菲律宾群岛。昨夜，日本军队进攻了威克岛。

今晨，日本军队进攻了中途岛。

因此，日本在整个太平洋区域采取了突然的攻势。昨天和今天的事实不言自明。合众国的人民已经形成了自己的见解,并且十分清楚这关系到我们国家的安全和生存的本身。

作为海陆军总司令,我已指示,为了我们的防务采取一切措施。但是,我们整个国家都将永远记住这次对于我们进攻的性质。

不论要用多长的时间才能战胜这次预谋的入侵,美国人民以自己的正义力量一定要赢得绝对的胜利。

我现在断言,我们不仅要做出最大的努力来保卫我们自己,我们还将确保这种形式的背信弃义永远不会再危及我们。我这样说,相信是表达了国会和人民的意志。

对敌行动已经存在。毋庸讳言,我国人民、我国领土和我国利益都处于严重危险之中。

信赖我们的武装部队——依靠我国人民的坚定信心——我们将取得必然的胜利——上帝助我!

我要求国会宣布:自1941年12月7日星期日日本进行无缘无故和卑鄙怯懦的进攻时起,合众国和日本帝国之间已处于战争状态。

(摘自《演讲经典99》,山东人民出版社,石川林郁选评)

四、鲁迅《流氓与文学》

学术演讲是一种高层次的演讲,一般在学术研讨会、学术报告会和学术讲座上进行。

学术演讲对传播文化,普及科学知识,促进学术发展,起着积极的推动作用,学术演讲要求内容具有高度的科学性,即所阐述的理论正确反映客观事物内部联系及其发展规律,形成完整、全面、连贯、系统的体系。这就要求从实际出发,实事求是,有正确的观点、翔实的材料、充分有力的证据以及严密周全的论证。

可以说,内容的科学性是学术演讲的生命,学术演讲离开了严谨科学的内容,就毫无价值可言。一切片面的、支离破碎的、前后矛盾的主观臆断,都不能登大雅之堂。鲁迅先生1931年在上海同文书院所作《流氓与文学》的演讲,可谓学术演讲的典范。

《流氓与文学》

流氓一得势,文学就要破产。我们看一看,国民党北伐成功以后,新的文学还能存在么?早就灭亡了。为什么呢?就是因为他们没有新的计划,恐怕也"无暇及此"。既然不新,便要复旧。所谓"不进则退",正是这个意思。

本来它的目的,就是要取得本身的地位。及至本身有了地位,就要用旧的方法来控制一切。如同现在提倡拳术、进行考试制度什么的,这都是旧有的。现在又要推行广大,这岂不是复旧么?为什么在革命未成功的时候,镇日价提倡新文化,打倒一切4旧有的制度,及至革命成功以后,反倒要复旧呢?我们现在举一个例子来说,比方有一个人在没钱的时候,说人家吃大菜、抽大烟、娶小老婆是不对的,一旦自己有了钱也是这样儿,这就是因为他的目的本来如此。他所用的方法，也不过是"儒的诡辩"和"侠的威胁"。

从前有《奔流》、《拓荒者》、《萌芽月刊》三种刊物，比较都有点儿左倾赤色，现在全被禁止了。听说在禁止之前，就暗地里逮捕作者，秘密枪毙，并且还活埋了一位。你瞧，这比秦始皇还厉害若干倍哪！

兄弟从前作一本《呐喊》，书皮儿用的红颜色，以表示白话、俗话的意思。后来，有一个学生带着这本书到南方来，半路上被官家给检查出来了，硬说他有赤色的嫌疑，就给毙了。这就和刘备禁酒一样。刘备说，凡查着有酿酒器具的，就把他杀了。有一个臣跟他说，凡是男子都该杀，因为他们都有犯淫的器具。可是，他为什么行这种野蛮的手段呢？就是因为他出身微贱，怕人家看不起，所以用这种手段，以禁止人家的讥讪诽谤。这种情形在从前还有，像明太祖出身也很微贱，后来当了皇帝怕人家轻视，所以常看人家的文章。有一个人，他的文章里头有一句是"光天之下"，太祖认为这句的意思是"秃天子之下"，因为明太祖本来当过和尚，所以说有意侮辱他，就把这个人给杀了。像这样儿，还能长久么？所以说："马上得天下，不能以马上治之。"

（摘自《演讲经典99》，山东人民出版社，石川林郁选评）

五、蔡元培《爱国要培养完全的人格》

道德演讲是指以思想品德教育为目的的一种演讲。

演讲者通过对社会生活中的意识形态问题进行分析、说明和评论，宣传赞扬真善美，揭露、鞭批假恶丑，支持进步，批评落后，帮助人们认清形势，分辨是非，明白事理，陶冶心灵，促使人们树立正确的人生观和世界观，培养人们高尚的道德品质和优美的情操。

道德教育演讲在我国有着悠久的历史，这种教育方式很受各方面的重视，被广泛地推广运用。1916年，蔡元培在上海女子学校发表的《爱国要培养完全的人格》演讲中，把德育、智育、体育作为学校教育的根本，在社会各界引起广泛反响。

《爱国要培养完全的人格》

本校初办时，在满清季年，含有革命性质。盖当时一般志士，鉴于满清政治之不良，国势日蹙，有如人之罹重病，恐其淹久而至不可救药，必觅良方以治之，故群起而谋革命。革命者，即治病之方药也。上海之革命团体，名中国教育会，革命精神所在；无论其为男为妇，均应提倡，而以教育为根本。故女校有爱国女学，男校有爱国学社，以教育会会员担任办理之责，此本校校名之所由来也。其后几经变迁，男校因苏报案而解散；中国教育会，亦不数年而同志星散；惟女校存立至今。辛亥革命时，本校学生，多有从事于南京之役者，不可谓非教育之成效也。当满清政府未推倒时，自以革命精神，然于普通之课程，仍力求完备，此犹家人一面为病者求医，一面于日常家事，仍不能不顾也。至民国成立，改革之目的已达，如病已医愈，不再有死亡之忧，则欲副爱国之名称，其精神不在提倡革命，而在养成完全之人格。盖国民而无完全人格，欲国家之隆盛，非但不可得，且有衰亡之虑焉。造成完全人格，使国家隆盛而不衰亡，真所谓爱国矣。完全人格，男女一也，兹特就女子方面讲述之。

夫完全人格，首在体育，体育最要之事为运动。凡吾人身体与精神，均含一种潜势力，随外围之环境而发达。故欲其发达至何地位，即能至何地位。若有障碍而阻其发达，则萎缩矣。旧俗每为女子缠足，不许擅自出门行走，终日幽居，不使运动，久之性质自变为懦弱。光阴消磨于装饰中，且养成依赖性，凡事非依赖男子不可。苟无男子可依赖，虽小事亦望而生畏，倘不幸地有战争之事，敌兵尚未至，畏而自尽者比比矣，又安望其抵抗哉？是皆不运动不发达其身体之故，卒养成懦弱性质，以减杀其自卫能力与胆量也。欧美各国女子，尚不能免此，况乎中国。闻本校有体育专修科，不特各科完备，且于拳术尤为注意，此最足为自卫之具，望诸生努力，切勿间断。即毕业之后，身任体操教员者，固应时时练习，即担任别种事业者，亦当时时练习。盖此等技术，不练则荒，久练益熟，获益匪浅也。

夫女子入校求学，固非脱离家庭间固有之天职也，求其实用，固可相辅而行者也。美国有师范学校，教授各科，俱用实习，不用书籍。假如授裁缝时，为之讲解自上古至现在衣服之变更，有野蛮时代之衣服与文明时代之衣服，是即历史科也；为之讲解衣服之原料，如丝之产地、棉之产地等，则地理科也；衣服之裁剪，有算法焉，其染色之颜料，有理化之法则焉，是即数学理化科也；推之烹饪等科，亦复如是。寓学问于操作中，可见女学固养成女子完全之人格，非使女子入学后，即放弃其固有之天职也。即如体操科之种种运动，近亦有人主张徒事运动而无生产，为不经济，有欲以工作代之者，庶不消耗金钱与体力，使归实用，此法以后必当盛行。益可见徒知读书，放弃家事，为不合于理矣。

（摘自《演讲经典99》，山东人民出版社，石川林郁选评）

六、迈克尔·乔丹《奥林匹克生涯已结束》

即兴演讲是演讲中的快餐，也是演讲中的精品，是演讲者在某种特定景物或人物、气氛的诱发下（或被要求）而产生的一种临时性演讲。

这种演讲两个最突出的特点是：一是演讲者事先未做准备，处于一定时境，感人、感事、感情、感景，随想随说，可长可短，有感而发；二是形同日常说话，其因随意性而在人际交往中被广泛应用。

即兴演讲，在演讲的类型中，使用率较高，应用范围最广。随着现代社会的发展，现代社会信息传递加快，人们的交往日益频繁，人们的交际领域不断拓宽，即兴演讲也随之出现在人们生活的方方面面。如婚礼祝辞、迎送致辞、丧事悼念、聚会演说、访问、讨论等。都需要人们临时作即兴演讲，或助兴、或助威、或联谊、或缅怀等，它成为人际交往深受欢迎的形式。有研究表明，即兴演讲已成为未来演讲发展的一个重要趋势。

即兴演讲具有动因的触发性、准备的临时性、时间的短暂性等特点，要求演讲者在极短的时间内迅速展开思维，找到话题，形成较完整的腹稿，立即从容地表达出来。

美国篮球巨星，被称为一个时代的王者迈克尔·乔丹在宣布退出篮球运动生涯时，发表的《奥林匹克生涯已经结束》即席演说，便是一篇典型的即兴演讲。

《奥林匹克生涯已经结束》

朋友们：我经常强调说，一旦我失去动力或不需要再证明什么了，我就应该退役。现在是我离开的时候了，这并不是我不爱这项运动。我只是觉得我已经达到了自己事业的顶峰，我没有什么可再证明的了。

我不知是否会复出，退役的意思就是从今天开始我想干什么，就可以干什么。如果这意味着今后要复出，我也许会的。我不把这扇门关死。如果公牛队还需要我，我也许会重归赛场。如果我日后复出，也不会效力于另一支球队，因为我的心已经属于它了。

我的奥林匹克生涯已经结束了。

我第一次获得NBA总冠军后，我父亲就劝我退役。我们当时的看法有很多不同，因为我认为，作为球员我还有许多东西要去证明，第三次夺得总冠军后，我们又谈了一次，我被你们说服了。

我时刻在承受着新闻媒介所带来的压力，我不会因为他们而离开球场的，这是我自己的抉择。即使我父亲没有去世，我也会做出同样的决定。父亲的去世使我看到了自己的未来，但痛苦会一天天地淡漠下去的。是他的不幸提醒了我，人的一生是何等短暂，该如何珍惜。我不能太自私，要用更多的时间去陪我的亲人，包括我的妻子、孩子，我需要过一种正常的生活。

我退役以后，很多朋友对公牛队的实力表示怀疑，但我并不担心，这好像父亲送儿子上大学。当然，我不是他的父亲，我告诉他们要相信自己。我认为我们有很多获胜的机会。我也坚信，肯定会有更多的球星诞生的。

我需要一份工作吗？我从来没有考虑过，现在也不想要，我现在要看一看小草是如何成长的，然后再把它们割掉，我当然要经常去看公牛队的比赛，可我不会告诉伙伴们我什么时候去看。我想，我不会完全过一种正常的生活，只不过公众的关注比以往少一些，我会怀念篮球比赛的，我会怀念夺取冠军辉煌的时刻，会怀念每年与队友们呆在一起的八个月的美好时光。

（摘自互联网）